Andreas von Gehlen
Parteiendemokratien

Andreas von Gehlen

Parteiendemokratien

—

Zur Legitimation der EU-Mitgliedstaaten durch
politische Parteien

DE GRUYTER
OLDENBOURG

1. Aufl.; Aktualisierung und Ergänzung von Teil I „Nationalstaatliche Parteiendemokratie als Schlüssel zum Legitimationsproblem" der Dissertationsschrift „Europäische Parteiendemokratie? Institutionelle Voraussetzungen und Funktionsbedingungen der europäischen Parteien zur Minderung des Legitimationsdefizits der EU", Berlin 2005 (IDN: 982291051).

ISBN 978-3-11-065992-4
e-ISBN (EPUB) 978-3-11-056422-8
e-ISBN (PDF) 978-3-11-056714-4

Library of Congress Cataloging-in-Publication Data
A CIP catalog record for this book has been applied for at the Library of Congress.

Bibliographic information published by the Deutsche Nationalbibliothek
Die Deutsche Nationalbibliothek verzeichnet diese Publikation in der Deutschen Nationalbibliografie; detaillierte bibliografische Daten sind im Internet über http://dnb.dnb.de abrufbar.

© 2019 Walter de Gruyter GmbH, Berlin/Boston
Dieser Band ist text- und seitenidentisch mit der 2017 erschienenen gebundenen Ausgabe.
Satz: jürgen ullrich typosatz, Nördlingen
Coverabbildung: Nastasic/E+/Gettyimages
Druck und Bindung: CPI books GmbH, Leck

♾ Gedruckt auf säurefreiem Papier
Printed in Germany

www.degruyter.com

Inhaltsverzeichnis

Tabellenverzeichnis

https://doi.org/10.1515/9783110567144-203

Einleitung

Einführung in den Forschungsgegenstand

Die Politik in den Mitgliedstaaten der Europäischen Union wird gegenwärtig durch Kontinuität und Wandel charakterisiert: Kontinuierlich hoch ist die Zustimmung der Bürger zu den nationalen Regierungssystemen. Europaweit wenden sich hingegen die gleichen Bürger massenhaft von traditionellen Parteien ab.[1] Stattdessen wählen sie Repräsentanten, die von Neugründungen oder ursprünglich nicht staatstragenden Parteien nominiert worden sind; diesem Phänomen widmen sich unterschiedlichste Publikationen. Die Diskrepanz zwischen Kontinuität und Wandel drängt aber auch die Frage auf, warum politische Parteien generell Funktionen wahrnehmen können, die einen maßgeblichen Beitrag zur demokratischen Legitimation staatlicher Herrschaftsausübung leisten.

Aus dem in den europäischen Nationalstaaten „eingelebten, historisch kontingenten Konsensus als Legitimationsgrundlage politischen Handelns"[2] ist in einer ersten, verallgemeinernden Kennzeichnung die Anerkennung des politischen Systems durch die in ihm lebenden Bürger[3] als maßgeblicher Faktor herauszustellen. Diese Anerkennung basiert auf der Überzeugung von der prinzipiellen Freiheit aller Menschen.[4] Sie wird jedoch in jedem Gemeinwesen eingeschränkt, weil Entscheidungen getroffen werden müssen, mit denen sich nur vereinzelt alle Betroffenen identifizieren.[5] Daher geht dem Entscheiden in der Regel ein Unterscheiden zwischen divergierenden Interessen voraus. An diesem Prozess partizipieren in den zur EU gehörenden Ländern alle (mündigen) Bürger, indem sie über Wahlen Repräsentanten zur Herrschaftsausübung ermächtigen.

Dabei haben politische Parteien eine vermittelnde Rolle zwischen den Bürgern und den Staaten erlangt. Ihre vornehmliche Aufgabe besteht in der Herausbildung des Volkswillens und dessen Umsetzung in den staatlichen Organen. Dadurch nehmen sie „demokratienotwendige Funktionen"[6] wahr, durch die sie unter dem Begriff „Parteiendemokratie" längst Eingang in die Staatswissenschaften gefunden haben.

---

1 Vgl.: *Diehl* 2016: 12 ff; *Merkel* 2016: 4 ff. In der Forschung werden „wenig Hinweise [ausgemacht, dass sich] Probleme so verdichten, dass sie die Demokratie in eine existenzielle Krise führen werden" (*Merkel* 2016: 11). Vgl. zur „Bedeutung von Wettbewerb für das Funktionieren repräsentativer Demokratien im Allgemeinen und für die Stabilität und Wandel des Parteiensystems im Speziellen": *Bühlmann* 2016: 36.

2 *Girndt* 1976: 62.

3 Vgl.: *Westle* 2000: 341.

4 Vgl.: *Greven* 2002: 243.

5 Vgl.: *Hallstein* 1969: 66; *Sternberger* 1962: 11; *Tsatsos/Morlok* 1982: 184.

6 *Stentzel* 2002: 27.

https://doi.org/10.1515/9783110567144-001

Forschungsstand und Grundpositionen

Damit sind zwei Forschungsbereiche angesprochen, mit denen sich jeweils mehrere Disziplinen befassen: die Legitimations- und Parteienforschung. Erkenntnisse werden dabei nicht isoliert voneinander, sondern durch – unterschiedlich starke – Einflüsse untereinander sowie Rückkoppelungen mit verschiedenen Fachrichtungen gewonnen.

Um den vielfältigen Forschungsergebnissen möglichst gerecht zu werden, ist die disziplinäre Segmentierung zu überwinden. Auf Erkenntnissen der Antike fußend, haben hauptsächlich die Philosophie, Rechtswissenschaft und Soziologie bis Mitte des 20. Jahrhunderts Auffassungen über Legitimation entwickelt, die durch die Politikwissenschaft seitdem nur noch Nuancierungen erfuhren. Parallel dazu bildete die Parteienforschung nach dem Ende des Zweiten Weltkrieges einen Schwerpunkt auf der politikwissenschaftlichen Agenda. Beide Forschungsbereiche wurden unter dem (zumeist negativ konnotierten) Stichwort „Parteienstaat"[7] ursprünglich im Deutschland der Weimarer Republik zusammengeführt. Seit den 1970er Jahren befasste sich die Politologie mit der Untersuchung von „Legitimationskrisen"[8]. Sowohl die einzelne Betrachtung dieser beiden Themen wie auch ihre verknüpfte Untersuchung haben, mit periodischen Schwankungen, eine fortdauernd hohe Publikationskonjunktur, sodass die diesbezügliche Fachliteratur einen unüberschaubaren Umfang erreicht hat.

Aus diesem Grund wird wiederholt eine Engführung innerhalb beider Forschungsgebiete vorzunehmen sein, wobei sich die Berücksichtigung der wissenschaftlichen Erträge an ihrer Wirkungsweise auf die Entwicklung der Nationalstaaten orientieren soll. Dabei prägten englische Gelehrte maßgeblich die heutigen Grundpositionen über Legitimationsvermittlung, als sie aus der Volkssouveränität die Notwendigkeit zur Partizipation aller Bürger am Gemeinwesen ableiteten und zu diesem Zweck das System parlamentarischer Repräsentation konzipierten. Es wurde in den kontinentaleuropäischen Nationalstaaten weiterentwickelt, weshalb eine angemessene Aufarbeitung der Legitimationsproblematik nur aus der (west-)europäischen Perspektive erfolgen kann.

Bei der Untersuchung der theoretischen Grundlagen der nationalstaatlichen Parteienentwicklung hingegen wird – unter Berücksichtigung andersgearteter Parteiensysteme – weitgehend eine Beschränkung auf die deutsche Forschung vorzunehmen sein. Dies sei zum einen dadurch gerechtfertigt, dass die Willensbildungsfunktion politischer Parteien nach dem Grundgesetz für die Mehrheit der EU-Mitglieder eine

---

7 *Koellreutter* 1926; vgl. auch: *Le Divellec* 2015: 21 f.; *Leibholz* 1958: 225 f. (Er sah die Parteien positiv als „rationalisierte Erscheinungsform der plebiszitären Demokratie im modernen Flächenstaat".); *Schmitt* 1931. Überwiegend kritisch wiederum: *Haungs* 1973: 502 ff.; *Haungs* 1980; hingegen positiv: *von Beyme* 1995a: 39 ff.

8 *Habermas* 1973; ebenso: *Jänicke* 1973; *Graf von Kielmansegg* 1976.

Vorbildfunktion erlangte. (3.1) Zum anderen wäre eine Berücksichtigung der Forschungsergebnisse aus allen Mitgliedsländern nicht realisierbar.

Als drittes Argument ließe sich hinzufügen, dass der legitimatorische Ertrag der 28 nationalstaatlichen Parteiensysteme in der Praxis ohnehin nicht anhand theoretischer Forschungsergebnisse, sondern nur auf der Grundlage eines breit angelegten Systemvergleichs bemessen werden kann. Seine Relevanz liegt darin begründet, dass die ansonsten sehr publikationsfreudige Parteienforschung auf diesem Gebiet, nach einer kurzzeitigen Hochkonjunktur im Vorfeld der ersten Europawahlen,[9] lediglich lexikalische Überblicke[10] hervorgebracht hat. Es existiert kein „Sammelband, der die Parteiensysteme der Mitgliedsstaaten der EU in umfassenden Einzelanalysen Land für Land darstellt"[11]. Erschienen sind hingegen u. a. ein parteienrechtlicher Vergleich[12] sowie englischsprachige Darstellungen mit globalem Bezugsrahmen.[13]

Auch ältere Arbeiten über die westeuropäischen Demokratien aus den späten 1970er Jahren versprechen allerdings, einer Überprüfung ihrer Aktualität weitgehend standzuhalten, da die dortigen „Parteiensysteme durch eine hohe Stabilität gekennzeichnet sind"[14]. Zwar stehen politische Parteien regelmäßig in der Kritik, dennoch „zeigt sich in den vergangenen 40 Jahren kein Rückgang der Zufriedenheit der Bürger mit ihrer Demokratie"[15]. Gleiches trifft auf die Demokratiequalität zu, die in indikatorgestützten Analysen sogar steigende Werte aufweist.[16] Dies gilt auch für die osteuropäischen EU-Mitglieder, deren Parteienrecht jedoch noch in jüngster Zeit zahlreiche Novellierungen erhielt.[17]

Intentionen der Studie

In den einführenden Anmerkungen und anlässlich der Darstellung grundsätzlicher Forschungsergebnisse wurden Thesen und Erkenntnisse wiedergegeben, die eine Diskrepanz zwischen der Zustimmung zu den nationalen Regierungssystemen und den sie traditionell tragenden Parteien beschreiben. Der kurz skizzierten Ausgangssituation soll im Untersuchungsverlauf dieser Studie schrittweise nachgegangen werden, um eine Beantwortung der folgenden Fragestellung zu versuchen:

---

9 Insb. *Raschke* 1978; *Stammen* 1978.

10 *Day* 2000; *McHale* 1983; *Niedermayer* 2006.

11 *Niedermayer* 2013: 847.

12 *Tsatsos/Schefold/Schneider* 1990.

13 *Delury* 1999a, b, c; *Szajkowski* 2005.

14 *Bendel* 1998: 464; vgl. auch *Niedermayer* 2013: 871.

15 *Merkel* 2016: 10; ebenso: *Detterbeck* 2011: 244; *Westle* 2000: 346.

16 Vgl. Analysen des Eurobarometers seit dem Ausgangspunkt 1990 nach: *Merkel* 2016: 10.

17 „Dominiert wird die Forschung noch durch getrennte Analysen der westeuropäischen und der ostmitteleuropäischen Parteiensysteme." *Niedermayer* 2013: 847; vgl. hierzu auch die beiden Bände über die west- und osteuropäischen Regierungssysteme von *Ismayr* 2009, 2010.

Warum können politische Parteien in der EU Funktionen wahrnehmen, die einen maßgeblichen Beitrag zur demokratischen Legitimation nationalstaatlicher Herrschafts-ausübung leisten?

Grundsätzlich muss zu diesem Zweck zunächst geklärt werden, wie sich die Vermittlung von demokratischer Legitimation im Kontext der EU-Mitgliedstaaten darlegen lässt. Die Begrenzung des Forschungsgegenstands auf deren Territorium erlaubt dabei zuvorderst eine entsprechende Eingrenzung der immensen Vielfalt legitimatorischer Vorstellungen. Die Entwicklung einer europäischen Legitimations-konzeption wiederum wird dadurch begünstigt, dass diese im gedanklichen Aus-tausch geprägt worden ist und sich auch die Umsetzung demokratisch legitimierter Herrschaftsausübung von England ausgehend auf dem Kontinent weitgehend parallel durchgesetzt hat.

Anschließend müssen die nationalen Parteiendemokratien daraufhin ergründet werden, ob und warum sie den Grundsatz der demokratischen Legitimation umset-zen. Neben Funktionsdeterminanten sind also auch Eigenschaften nationaler Partei-ensysteme bzw. einzelner Parteien aufzuzeigen, welche die nationalstaatlich erbrach-te Legitimationsvermittlung negativ beeinträchtigen.

Die vorliegende Studie intendiert mittels des skizzierten Untersuchungsgangs zweierlei: Abschließend sollen sowohl Schlussfolgerungen über die Eignung der politischen Parteien zur demokratischen Legitimation der EU-Mitgliedstaaten gezo-gen als auch diesbezüglich funktionale Kriterien benannt werden.

Methodisches Vorgehen

Am Anfang der einzelnen Kapitel wird auf die methodischen Überlegungen, die den jeweiligen Untersuchungsschritten zugrunde liegen, hingewiesen. Daher soll an die-ser Stelle über das Vorgehen lediglich ein gesamthafter Überblick gegeben werden.

Die Studie ist entsprechend ihrer soeben aufgezeigten Intentionen gegliedert: Das Forschungsinteresse der ersten beiden Kapitel gilt den Ursprüngen des Legiti-mationsproblems und seiner Entwicklung bis zur (weitgehenden) Lösung durch die nationalen Parteiendemokratien in den Mitgliedstaaten der Europäischen Union. Die Untersuchung dieser fallbezogenen, meistens nur im Hintergrund theorieorien-tierten, Evolution wird in methodischer Hinsicht mit dem historisch-empirischen[18] Ansatz durchgeführt, in dessen Verlauf hauptsächlich geschichtliche Hintergründe und politisch-situative Konstellationen summarisch betrachtet werden, um zu einer Konzeptualisierung der Legitimationsproblematik zu finden. Die dadurch entwickel-ten Funktionsdeterminanten nationalstaatlicher Legitimationsvermittlung in den europäischen Parteiendemokratien sollen im dritten Kapitel jeweils (vorwiegend

---

18 Vgl.: *Nohlen* 2002: 320 f.

normativen)[19] Vergleichen aller nationalen Parteiensysteme der gegenwärtig 28 EU-Mitgliedsländer unterzogen werden.

Der sich anschließende Vergleich der Ergebnisse und die Erforschung kausaler Zusammenhänge finden mit dem Ziel statt, Legitimationsfaktoren der nationalen Parteiensysteme zu isolieren, die als Ursache einer Wirkung in Frage kommen.[20] Alfred Grosser[21] folgend liegt vor dem Hintergrund der Fragestellung der Zweck dieses abschließenden Kapitels darin begründet, dass gerade durch die Betonung von Unterschieden im Legitimationsgewinn zwischen den nationalstaatlichen Parteiendemokratien in der EU der legitimatorische Ertrag abgeleitet wird. Entsprechend der Zielsetzung dieser Studie gilt es, durch das aufgezeigte Vorgehen Schlussfolgerungen hinsichtlich der Frage nach den Funktionen politischer Parteien zu formulieren, mit denen sie einen maßgeblichen Beitrag zur demokratischen Legitimation staatlicher Herrschaftsausübung in allen Mitgliedstaaten der Europäischen Union leisten.

---

19 Daneben fächert sich die Parteienforschung „Zeit ihres Bestehens [... auch in eine] erfahrungswissenschaftliche Richtung auf". *Wiesendahl* 2013: 18. Elmar Wiesendahl kritisierte hinsichtlich der normativen Forschungsrichtung, dass neuerdings in der Demokratietheorie „die geradezu absurde Situation [entstanden sei], dass Parteien entgegen ihrer unbestreitbaren Schlüsselstellung bei der Organisation und Legitimation repräsentativ-demokratischer Herrschaft [...] nicht bzw. nur randständig thematisiert werden". *Wiesendahl* 2013: 20 f.
20 Vgl. zum Gegenstand und Verfahren der komparativen Methode: *Hartmann* 1980: 51 f.
21 Vgl.: *Grosser* 1973: 19 ff.

1 Das Legitimationsproblem

Dieses Kapitel setzt bei den Ursprüngen der Legitimationsproblematik an und verfolgt zum einen das Ziel, den Weg zu ihrer (näherungsweisen) Lösung mittels demokratischer Willensbildungsverfahren in den EU-Mitgliedstaaten nachzuzeichnen. Im Zuge dieser Aufarbeitung der geistesgeschichtlichen Grundlagen soll zum anderen eine Eingrenzung der Begriffe Legitimation und Demokratie erfolgen, um diese für den weiteren Verlauf der Arbeit in operationalisierbare Kategorien zu fassen.

Mit diesen Intentionen ist anfangs (1.1) der Frage nachzugehen, warum sich das Legitimationsproblem überhaupt stellt und welche Ursprünge und Konstanten ihm in jeder Form von Herrschaftsausübung unter Menschen immanent sind. Hieraus werden grundsätzliche Merkmale von Legitimation abzuleiten und Begriffsdefinitionen zu entwickeln sein.

Aufgrund der Verschiedenartigkeit aller politischen Systeme und deren unterschiedlichen Ansätzen, die Unterstützung der Bevölkerung für ihre Entscheidungen zu gewinnen, lässt sich der Begriff „Legitimation" jedoch in keine allgemeingültige Formel fassen. In einer (historisch angelegten) Engführung sind daher mit Blick auf das Erkenntnisinteresse dieser Studie zunächst die Legitimationsgrundlagen westlicher Prägung zu identifizieren, die den Mitgliedstaaten der Europäischen Union gemein sind. (1.2)

Anschließend wird auf diesem Fundament den Wesensmerkmalen demokratischer Legitimation, wie sie seit dem 17. Jahrhundert in Europa Oberhand gewonnen haben, nachgegangen. (1.3) Essenziell ist es dabei herauszufinden, warum die Partizipation aller Bürger an der staatlichen Herrschaftsausübung diese demokratisch legitimiert, d.h. durch welche Faktoren die Anerkennung öffentlicher Entscheidungen erreicht wird.

Am Ende des geschichtlichen Überblicks auf die Legitimation europäischer Herrschaftssysteme sind die Bedingungsfaktoren demokratischer Willensbildung in den modernen Nationalstaaten westlicher Prägung zusammenzufassen. (1.4) Die zu benennenden Faktoren werden dabei in Untersuchungskategorien für die Analyse der nationalen Parteiensysteme im nachfolgenden Kapitel gefasst.

1.1 Ursprünge und Konstanten der Legitimationsproblematik

Unabhängig von ihrer Ausgestaltung ist allen politischen Systemen gemein, dass in ihnen Entscheidungen von Menschen getroffen werden, die andere (unbeteiligte) Menschen betreffen.[22] Überlegungen zur vollständigen Auflösung dieses Problems

---

22 In der „legitimen Gewaltsamkeit [...] in der Hand menschlicher Verbände [sah der Soziologe Max Weber] die Besonderheit aller ethischen Probleme der Politik bedingt." *Weber* 1926: 62; vgl. auch:

https://doi.org/10.1515/9783110567144-002

sind allein schon aufgrund der schieren Größe heutiger Herrschaftsräume nicht praktikabel (wie die unmittelbare Demokratie)[23] bzw. infolge historischer Fehlschläge diskreditiert (insb. der Kommunismus).[24] Der gegenwärtig im abendländischen Kulturkreis allgemein anerkannten Überzeugung, dass im Verein mit der Existenz politischer Herrschaft dieses Problem stets einhergeht, folgen bereits seit den Vorsokratikern[25] Überlegungen zu seiner Lösung.

Ausgangspunkt dieser Problematik ist die Aufteilung aller menschlichen Gemeinschaften in zwei (sich z.T. überschneidende) Gruppen: Entscheidungsempfänger (nach ihrer Bezeichnung in heutigen Staaten im folgenden „Bürger" genannt) und Entscheidungsträger. In diesem Beziehungsverhältnis wird die individuelle Freiheit[26] der Bürger durch hoheitliche Akte eingeschränkt. Dies geschieht durch die Entscheidungsträger, institutionell gesprochen: die (rechtsetzenden, ausführenden und rechtsprechenden) staatlichen Organe. Deren Repräsentanten sind in jedem beliebigen politischen System im eigentlichen Sinne des Wortes „Herr"; jede Repräsentation einer Gemeinschaft ist folglich „Herrschaft" und jedes Wirken der Repräsentanten „Herrschaftsausübung".[27]

Diese Fremdbestimmung ist eine Zumutung an die Freiheit der Bürger, wenn ein Hoheitsakt ihren subjektiven Interessen widerspricht.[28] Da politische Systeme in der Regel am dauerhaften Widerstand größerer Bevölkerungsgruppen scheitern, sind sie auf die Rückbindung an den Willen der Bürger angewiesen. Ob Monarchie oder Tyrannei, Aristokratie oder Oligarchie, Demokratie oder Ochlokratie[29] – die Entscheidungsträger aller Regime haben eines gemeinsam: die Sorge um die freiwillige Befolgung ihrer Gesetze, gegebenenfalls unter Zuhilfenahme der Gewaltandrohung. Sie teilen in der Regel die Überzeugung, dass Gewaltanwendung gegen Gesetzesbrecher die Ausnahme sein muss.

Easton 1965: 289; *Habermas* 1976: 39 ff.; *Heins* 1990: 8 ff.; *Höreth* 1999: 75; *Ronge* 1998: 25, 80 f. sowie die Beiträge in *Graf von Kielmansegg* 1976.

23 Zu weiteren Problemen der unmittelbaren Demokratie s.: *Schmitt* 1928: 206; vgl. zur diesbezüglichen Forschung jüngerer Zeit: *Hesse* 2004: 125 ff.; *Jung/Knemeyer* 2001: 16 ff.; *Jung* 2001: 15 ff.; *Lösche* 1998: 129 ff.; *Poier* 2015: 206.

24 Vgl. zu diesbezüglichen Überlegungen von Luhmann: *Ronge* 1976: 33 ff.

25 Vgl.: *Westle* 2000: 346.

26 Nach Thomas Hobbes ist jeder Mensch im *status originarius* frei. Freiheit ist heute „einer der zentralen Werte in der normativen Orientierung abendländischer Politik". *Weiß* 1998: 196; vgl. auch: *Greven* 1995: 117; Abschnitt 1.3. dieser Studie.

27 *Wojahn* 2002: 176.

28 Vgl.: *Kriele* 1990: 19 f.; zum „Gehorsam" der Bürger vgl. auch: *Kaase* 1992: 224; *Weber* 1964: 38.

29 Gegenüberstellung der klassischen Herrschaftsformen in Paaren guter und entarteter (bei denen der Vorteil der Herrschenden im Vordergrund steht) Verfassungen nach: *Nippel* 1993: 27 ff.

Für die Bildung und Bewahrung dieser Konstellation versucht nahezu jedes politische System die Bürger von seiner Rechtmäßigkeit zu überzeugen.[30] Gemäß der für das angelsächsische Rechtsbewusstsein prägenden Parole "to obey punctually, to censure freely"[31] ist der Gehorsam gegenüber der Staatsmacht durch die allgemein anerkannte Geltung des Gesetzes zu erzielen. Die Herrschaftsausübung muss also in den Augen der Bürger nicht nur legitim,[32] d.h. gesetzmäßig, sondern auch rechtmäßig sein.

Diesen Zustand beschreibt die Politikwissenschaft mit dem mehrdeutig gebrauchten Grundbegriff der *Legitimität* (lat. legitimitas: Rechtmäßigkeit). Er kann sich „auf den Legitimitätsanspruch einer politischen oder gesellschaftlichen Ordnung, auf den Legitimitätsglauben der Herrschaftsunterworfenen oder auf beides zugleich und in Wechselwirkung aufeinander"[33] beziehen. Der Legitimitätsanspruch verweist auf einen normativen Legitimitätsbegriff; er „kann entweder als objektive Eigenschaft eines gesellschaftlichen oder [p]olitischen Systems begriffen werden [...] oder auf externen normativen Maßstäben fußen, an denen dieser Anspruch gemessen wird"[34]. Der Legitimitätsglaube hingegen bezeichnet das Einverständnis der Menschen bzw. ihre Anerkennung einer Herrschaftsordnung und zielt auf einen empirischen Begriff der Legitimität.

Eng verwandt mit diesen Definitionsmerkmalen sind diejenigen von *Legitimation* (lat. legitimare: rechtlich anerkennen). Auch wenn beide Begriffe „gelegentlich identisch verwendet"[35] werden, ist in dieser Studie zwischen ihnen zu differenzieren: Beim Gebrauch von Legitimität wird auf die Rechtmäßigkeit eines politischen Systems abgestellt. Für dessen Legitimation sind darüber hinaus (und nicht stattdessen!)[36] die Verfahren zum Erreichen dieses Ziels maßgeblich. Diese Komponente von Legitimität

---

30 Vgl.: *Kurz* 1965: 196; *Mandt* 1995: 284–298; *Neumann* 1995: 509; *Pfahlberg/Weixner* 1995: 139; *Schubert/Klein* 2001: 178; *Weber* 1991: 356; *Westle* 2000: 341, 346.

31 „Pünktlich gehorchen, frei kritisieren"; nach: *Kriele* 1990: 20.

32 Dieser politisch-juristische Begriff rührt aus dem lat. lex (Gesetz) her. Weiterführende Literatur: *Hennis* 1976: 15; *Neumann* 1995: 508; *Nohlen* 1998: 350 ff.; *Pfahlberg/Weixner* 1995: 137; *Schmitt* 1932; *Schubert/Klein* 2001: 178; *Schüttemeyer* 1998: 348; *Schwegmann* 1998: 348 f.; *Walz* 1936: 29 f.; *Westle* 2000: 341; *Würtenberger* 1973.

33 *Nohlen* 1998: 350.

34 *Nohlen* 2002: 476; vgl. auch: *Neumann* 2003: 608 f.; *Nohlen* 1995: 350; *Lenz/Ruchlak* 2001: 127.

35 *Westle* 2000: 341; vgl. auch: *Lenz/Ruchlak* 2001: 126. Staatsformen wie Diktaturen und Oligarchien sind für einen „unabweisbaren Gegensatz" (*Schmitt* 1932: 10 f.) zwischen beiden Begriffen besonders anfällig. Hierzu bemerkte Friedrich der Große: „Die Last der Tyrannei wird niemals drückender, als wenn der Tyrann den Schein der Unschuld wahren will und die Unterdrückung im Schatten der Gesetze geschieht." Vgl. auch: *Walz* 1936: 7 ff. Die Definition, legitim ist, was legal ist, greift also zu kurz. Vgl.: *Bernitsas* 1984: 6; *Neumann* 1995: 509.

36 Dass Legitimation nicht alleine durch Verfahren (wie von Niklas Luhman vorgetragen) hergestellt werden kann, sondern gleichzeitig auf Grundwerten sowie normativen und materiellen Erwartungshorizonten der Bevölkerung basieren muss, hat sich in der politikwissenschaftlichen Debatte als herrschende Meinung durchgesetzt. Vgl. hierzu: *MacIntyre* 1981; *Nohlen* 1998: 351.

stellt also nicht nur auf normativ-objektive Aspekte des Verhältnisses zwischen Entscheidungsträgern und -empfängern, sondern auch subjektiv auf die „Anerkennung eines politischen Systems"[37] ab. „[A]ls Legitimationsverfahren für politische Entscheidungen und Systeme ebenso wie für die Besetzung von Ämtern [gelten] zum Beispiel Wahlen nach demokratischen Grundsätzen und die Befolgung allgemein akzeptierter Regeln und Normen."[38]

„Für den neuzeitlichen Philosophen ist politische Herrschaft prinzipiell legitimationsbedürftig."[39] Wenn Loyalitätsverluste dahingehend zu beobachten sind, dass weite Teile der Beherrschten die Rechtmäßigkeit des Handelns der Herrschenden anzweifeln, spricht man von einer Legitimationskrise.[40] Ursächlich dafür ist der Mangel des jeweiligen politischen Systems, geeignete Verfahren für die Anerkennung seiner Entscheidungen anzuwenden. Gegebenenfalls müssen die Akteure (aller beteiligten Herrschaftsebenen) in einer derartigen Situation die Entscheidungsmechanismen korrigieren, damit die Anerkennung der politischen Ordnung durch die Bürger wiederhergestellt wird. Misslingt dies, läuft das System insgesamt Gefahr, die Massenloyalität zu verlieren.

1.2 Legitimationsgrundlagen der europäischen Staaten

Sobald mehrere Menschen zusammenleben, stellt sich „das unlösbare Problem der Institutionalisierung eines [legitimierten] Herrschaftssystems"[41]. Um Legitimation zu gewinnen, verließen Herrschaftsausübende in der überlieferten Geschichte immer wieder alte Pfade und bahnten neue. Infolge der unterschiedlichsten Wege, auf denen sich dabei die Entwicklung von der Horde über den Stamm zum Staat vollzogen haben kann, sind alle Versuche einer universell gültigen Theoriebildung zum Scheitern verurteilt. Es lassen sich jedoch überschneidende „Kontinuitäten und Verwerfungen"[42] beobachten, anhand derer allgemeine Typisierungen vorgenommen werden können.

Die grundsätzlichste von ihnen ist nicht nur das Motiv für menschliches Zusammenleben überhaupt, sondern auch die Ursache für die Begründung der europäischen Integration: die gemeinsame Abwehr von Gefahren. Jellinek sah in diesem bereits von Aristoteles beobachteten Handlungsmuster zunächst die Voraussetzung für „Gelegen-

---

37 *Westle* 2000: 341; vgl. auch: *Girndt* 1976: 62; *Habermas* 1976: 39; *Graf von Kielmansegg* 1977: 4; *Kurz* 1965: 196; *Löwenthal* 1979: 111; *Mandt* 1995: 285; *Weber* 1959: 163.
38 *Lenz/Ruchlak* 2001: 127.
39 *Kersting* 1995: 681.
40 Vgl.: *Achterberg/Krawietz* 1981; *Graf von Kielmansegg* 1977; *Münch* 1976; *Neumann* 1995: 509; *Schubert/Klein* 2001: 178; *Westle* 1989; *Westle* 2000: 346.
41 *Bernitsas* 1984: 6.
42 *Weber* 1991: 355.

heitsorganisationen"[43], in denen zum Erreichen des gemeinsamen Ziels (der Gefahren-abwehr) Entscheidungen getroffen werden mussten, die alle Mitglieder der Gemein-schaft betrafen und zur Umsetzung von ihnen zu befolgen waren.

Diese Methode bewährte sich; der Wechsel von gelegentlichen zu dauerhaften Organisationsformen ging mit der Etablierung kontinuierlicher Herrschaftsaus-übung einher. Seitdem sich diese Form menschlichen Zusammenlebens in vor-geschichtlicher Zeit durchgesetzt hat und damit nicht mehr jeder Bürger an allen ihn betreffenden Entscheidungen beteiligt sein konnte, existiert die Legitimations-problematik.

Am Anfang der historisch überlieferten Legitimationsquellen[44] steht die Berufung der Entscheidungsträger auf das Gottesgnadentum, welches den Aufbau und die Konsolidierung menschlichen Zusammenlebens durch „primitive religiöse Vorstel-lungen"[45] festigte. Durch die Berufung auf eine überirdische Herleitung ihrer Macht-ausübung suchten die Herrschenden ihre Autorität zu stützen. (Bis zur Aufklärung schöpften Regime fast ausnahmslos aus dieser Quelle Legitimation.)

Die bislang genannten Grundlagen von Legitimation besitzen universelle Gültig-keit. Die spezifischen Auffassungen, die heute in der EU allgemein anerkannt sind, kristallisierten sich aus der gegenseitigen Stimulation der europäisch(-transatlan-tisch)en Denkschulen heraus. Das Abendland verschloss sich dabei, ohne Überlegun-gen anderer Kulturkreise zu rezipieren,[46] gegenüber dem Hinduismus und Konfuzia-nismus ebenso wie hinsichtlich der „politische[n] Sprache des Islam"[47] und dem „okzidentalen Rationalismus"[48]. Für die Entwicklung des Legitimationsdenkens in Europa wird in der interkulturellen Forschung als maßgeblich angesehen, dass die kontinuierliche Debatte über „Kriterien der Anerkennungswürdigkeit von Herrschaft […] konkurrierende Sicht- und Herangehensweisen"[49] hervorbrachte.

Das älteste Beispiel dafür, dass Überlegungen zur Legitimation eines politischen Systems durch die Teilhabe aller Entscheidungsempfänger an der Entscheidungs-bildung zur Umsetzung gelangten, findet sich im antiken Griechenland und gab diesem Prinzip seinen Namen: Wie die direkte Übersetzung von Demokratie[50] besagt, herrscht in ihr das Volk.[51] Diese Frühform der Volkssouveränität umfasste allerdings

---

43 *Jellinek* 1914: 267; vgl. auch: *Dolezal* 1973: 10 ff.
44 Vgl. zu den philosophischen Wurzeln der Legitimationsforschung, die „seit Platons Suche nach dem ‚besten Staat' das übergreifende, zentrale Thema der europäischen politischen Philosophie und Demokratietheorie" bildete: *Westle* 2000: 346.
45 *Jellinek* 1914: 267.
46 Vgl.: *Gebhart* 1986: 63 f.
47 *Lewis* 1991; vgl. auch: *Black* 1993: 58 ff.
48 *Weber* 1920: 2, 6.
49 *Mandt* 1995: 285 f.; vgl. auch: *Scharpf* 1970: 19 f.
50 Gr. δῆμος (démos): Volk; κρατία (kratía): Herrschaft.
51 Die Versammlung von Sparta musste nach der „Großen Rhetra", dem ältesten erhaltenen Ver-fassungsdokument, bereits um 800 v. Chr. „regelmäßig einberufen werden". *Kurz* 1965: 27; zur Lehre

sowohl in der griechischen Polis als auch später in der römischen Republik nur die freien Bürger.

Wenngleich demokratische Elemente dem Staatsdenken fortan wieder fremd waren, ermöglichte nicht zuletzt die durch Matthäus im Neuen Testament[52] postulierte Trennung von Politik und Religion den akademischen Diskurs. Im Widerspruch zum Apostelwort sah jedoch die Lehre vom Gottesgnadentum und Ordodenken[53] eine „organische Einheit zwischen Reich und Kirche"[54]. Erst der Investiturstreit[55] in der zweiten Hälfte des 11. Jahrhunderts veranlasste die auf Seiten des Kaisers stehenden Juristen zur Suche nach einer vom Heiligen Stuhl unabhängigen Legitimation. In Anlehnung an das Selbstverständnis des Reiches wurde die Hilfe im römischen Recht (und damit beim Volk) gesucht.[56] Manegold von Lautenbach verwarf daraufhin die Anschauung, die Königswürde sei gottgegeben. Stattdessen leitete er sie aus Übereinkünften ab und wurde damit zum Begründer der Vertragstheorie.[57] Schließlich baute Marsilius von Padua 1324 in seiner Streitschrift „Defensor Pacis"[58] das Gemeinwesen auf der Familie und dem Dorf auf (in dem die Ältesten die öffentlichen Angelegenheiten regeln sollten).[59] Während sich derartige Überlegungen im damaligen Spanien zu einer großen Blüte entfalteten,[60] wurden sie in Mitteleuropa wieder vom obrigkeitlichen Denken verdrängt.

Die dortige Verfassungstheorie gründete – mit regionalen Verzögerungen – erst ab dem 16. Jahrhundert nicht mehr überwiegend auf religiösen Überlieferungen.[61] Vielmehr unterschied man nun zwischen zwei Arten von Legitimation: erstens der dynastischen (monarchischen), die auf der Autorität eines Mitglieds der traditionell

---

über Volkssouveränität in der griechischen Polis und römischen Republik s. auch: *Kurz* 1965: 30 ff., 40 ff.

52 *Die Bibel: Matthäus* 22, 2: „[...] Da sprach er zu ihnen: So gebt dem Kaiser, was des Kaisers ist, und Gott, was Gottes ist!"

53 Zu den herausragenden Kirchenlehrern der abendländischen Christenheit zählten Augustinus (354–430, richtungweisend u. a. für die Stellung der Kirche zum Staat) und Thomas von Aquin (1225–1274, er sah den Staat als rein weltliche Einrichtung, der jedoch nur eine Vorbereitung auf den in der Kirche bereits sinnbildlich gegenwärtigen himmlischen Staat ist).

54 *Kipp* 1949: 249.

55 Der sog. Investiturstreit im Hochmittelalter entbrannte zwischen Papst Gregor VII. und dem deutschen König Heinrich IV. um die Investitur von Bischöfen und Äbten. Das diesbezügliche Recht beschränkte den päpstlichen Einfluss auf geistliche Fragen. Dafür hatte nach ihm der König das Recht, die Geistlichen sowohl in die Temporalien wie in die Spiritualien einzusetzen, wodurch sie politisch von ihm abhängig waren. Vgl. die Darstellungen von: *Blumenthal* 2001; *Goez* 2000; *Hartmann* 1993; *Jakobs* 1994.

56 Vgl.: *Kurz* 1965: 61.

57 Vgl.: *Kipp* 1949: 249.

58 Lat.: Verteidiger des Friedens.

59 Vgl.: *de Padua* 1932: 14 f.

60 Vgl.: *Kurz* 1965: 71.

61 Vgl.: *Black* 1993: 58 f.

dem Staat verbundenen Familie beruht und zweitens der demokratischen Legitimation, in der die verfassungsgebende Gewalt des Volkes auf Normen basiert.[62] Während letztere infolge der Aufklärung erstere endgültig als systemtragende Komponente ablöste,[63] bildete sich aus griechisch-römischen Überlieferungen, dem Christentum sowie mittelalterlichen Rechtstraditionen das europäische Legitimationsbewusstsein. Aus dessen Weiterentwicklung erwuchsen die heutigen Werte und konstitutiven Verfahren der Länder westlicher Prägung.[64]

Die Legitimationsgrundlagen der in der Europäischen Union zusammengeschlossenen Staaten wurden also im wechselseitigen Diskurs über mehrere Jahrhunderte hinweg erarbeitet und durchgesetzt. Dabei sind zwei maßgebliche Aspekte zu identifizieren: Die Herrschaftsausübung muss auf Normen gründen (d. h. legitim) und die Partizipation aller Entscheidungsbetroffenen an der Entscheidungsbildung gewährleisten (also demokratisch sein). Diese beiden Faktoren haben sich für die dauerhafte Etablierung von Herrschaftssystemen in Europa als maßgeblich erwiesen. In welcher Ausgestaltung sie zur Anwendung gelangten, soll durch die Fortsetzung des historischen Überblicks über die Legitimationsentwicklung im nächsten Abschnitt aufgezeigt werden.

1.3 Demokratische Legitimation

Auf den benannten Grundlagen haben englische Theoretiker im 17. Jahrhundert die Fundamente der Faktoren gelegt, die bis heute demokratisch legitimiertes Regieren ausmachen. Zunächst erklärte John Milton 1649 die Selbstbestimmung prinzipiell für ein angeborenes und unentziehbares Menschenrecht.[65] Darauf baute Thomas Hobbes 1651 im Leviathan einerseits auf, als er den einzelnen Menschen bis zum Zeitpunkt der Staatsgründung als souverän betrachtete. Andererseits reduzierte er diesen vor dem Hintergrund seines Menschenbildes („homo homini lupus") nach der Staatsgründung

---

62 Vgl.: *Pfahlberg/Weixner* 1995: 139.
63 Überirdische Legitimation spielt heute allenfalls noch eine symbolische Nebenrolle, wie in der Form von religiösen Bezügen in acht Verfassungen der EU-Mitgliedstaaten: *Deutschland* Präambel, Art. 12 Abs. 8, Art. 31 Abs. 4, Art. 34 Abs. 5, Art. 56; *Griechenland* Eingangsformel; *Irland* Präambel, Art. 44 Abs. 1; *Malta* Art. 50, 89; *Niederlande* Art. 44, Art. 53, Art. 54, Art. 86 Abs. 5, 6, Art. 97; *Polen* Präambel, Art. 104 Abs. 2, Art. 130, Art. 151; *Rumänien* Art. 82; *Ungarn* Eingangsformel.
Die Berufung auf Gott erlebte während der Verhandlungen des Konvents über die Europäische Verfassung eine Renaissance und spiegelt sich in der Kompromissformel wider: „Schöpfend aus den kulturellen, religiösen und humanistischen Überlieferungen Europas, [...] sind die Hohen Vertragsparteien [...] übereingekommen [...]." *Europäischer Konvent* 2003: 3.
64 Vgl.: *Löwenthal* 1979: 111; *Mandt* 1995: 285.
65 "[...] autoritie and power of selfdefence and preservation being originally and naturally in every one". *Milton* 1911: 10 (zur Orthographie vgl.: *Allison* 1911: XLIX–LI).

wieder auf einen Teil des Volkes,[66] innerhalb dessen nur eine allgemeine Gewalt ihn im Zaum zu halten und seine Handlungen auf das Gemeinwohl hinzulenken vermöge.[67] Mit ähnlicher Zielrichtung argumentierte John Locke, der Einzelne übertrage mit der Gesellschaftsbildung seine Gewalt auf die Gemeinschaft und autorisiere sie durch gewählte Repräsentanten zur Gesetzgebung.

Im Vereinigten Königreich erfuhren diese Überlegungen mit der "Glorious Revolution" 1688/89 ihren Kulminationspunkt.[68] Den Durchbruch in Europa erreichten entsprechende Anschauungen hundert Jahre später infolge der Französischen Revolution von 1789 („Freiheit, Gleichheit, Brüderlichkeit"[69]), der 1776 die amerikanische Unabhängigkeitserklärung („Leben, Freiheit, Streben nach Glück"[70]) vorausgegangen war. Zwar konnten sich die europäischen Herrscherhäuser mit dem Wiener Kongress 1814/15 und der „Heiligen Allianz" (1815) auf der Grundlage des monarchischen Legitimationsprinzips kurzzeitig restituieren.[71] Bereits im Gefolge der revolutionären Bewegungen der Dreißiger- und Vierzigerjahre des 19. Jahrhunderts erfolgte jedoch im Konstitutionalismus wieder die Abkehr von monarchischen hin zu demokratischen Prinzipien.

Seitdem schützen konstitutionell, d. h. verfassungsmäßig garantierte Rechte die Bürger vor willkürlichen Übergriffen staatlicher Gewalt. Als in den westlichen Nationalstaaten die in den Revolutionen der Vereinigten Staaten 1776 und in Frankreich 1789 proklamierten Werte rechtlich festgeschrieben wurden, mussten die Normen durch Methoden für ihre Anwendung komplementiert werden: Erst verbriefte Verfahren der Herrschaftsausübung binden permanent „den politischen Gestaltungswillen des Gesetzgebers an miteinander verkettete politische Ziele"[72].

---

66 "I authorise and give up my right of governing myself, to this man, or to this assembly of men, on this condition, that thou give up thy right to him, and authorize all his actions in like manner." *Hobbes* 1839: 158.

67 "[...] and therefore it is no wonder if there be somewhat else required, besides covenant, to make their agreement constant and lasting; which is a common power, to keep them in awe, and to direct their actions to the common benefit." *Hobbes* 1839: 157.

68 Der "Bill of Rights" begründete den Parlamentarismus, indem er die Rechte des Parlaments gegenüber dem Könighaus festschrieb. Vgl.: *Ashley* 1968: 131 ff.; *Ashley* 1978: 75 ff.; *Aylmer* 1968: 195 ff.; *Yardley* 1990: 34.

69 Franz.: liberté, egalité, fraternité. Vgl.: *Greven* 2002: 243; *Kurz* 1965: 23 ff., 210.

70 "We hold these truths to be self-evident, that all men are created equal, that they are endowed by their Creator with certain unalienable Rights, that among these are Life, Liberty and the pursuit of Happiness." *US Congress* 1776.

71 In diesem, vom französischen Außenminister Charles-Maurice de Talleyrand-Périgord (1754–1838) geprägten Begriff spiegelt sich sowohl die Legitimität der Herrschaftsausübung (1.1) als auch die historisch tradierte Macht der herrschenden Familie (1.2) wider.

72 *Mandt* 1995: 287.

Diese spezifisch neuzeitliche Auffassung demokratischer Legitimationsvermittlung formulierte der Engländer James Harrington bereits 1656.[73] Er maß der prozeduralen Seite von Legitimation ein besonderes Gewicht bei, weil er sich nicht auf die Tugenden der Herrscher verlassen mochte. Während Harrington seine Überlegungen nur theoretisch herleiten konnte, kritisierte Alexis de Tocqueville hundertundfünfzig Jahre später angesichts der französischen Zustände die „Geringschätzung, die den Verfahren, Formen, Verfassungskonventionen"[74] als Legitimationsquellen oft entgegengebracht werde. Der Hauptverdienst dieser Faktoren sollte darin bestehen, „daß sie als Schranke zwischen dem Starken und dem Schwachen, den Regierenden und den Regierten wirken"[75].

Die Anerkennung der prozeduralen Seite politischer Legitimation darf, im Vergleich zu der Fixierung auf Werte in der Antike und im Mittelalter, aber „nicht als eine Abwertung der materialen Seite [...] mißdeutet werden"[76]. Weil sich Grundsätze und Verfahren nicht gegeneinander aufrechnen lassen,[77] kann das Selbstverständnis westlicher politischer Tradition nicht auf die Formel „Legitimation durch Verfahren"[78] verkürzt werden; dies würde u.a. einen „Verlust der Tugend"[79] und damit der errungenen Grundwerte nach sich ziehen.

Daher führte man in den europäischen Nationalstaaten die errungenen Werte und die konzipierten Verfahren dadurch zusammen, dass dem Vertretungsorgan der Bürger eine Funktionstrias zugeschrieben wurde: Durch das Parlament (lat. parlamentum: Besprechung) wird die „Regierung bestellt, kontrolliert und die Gesetzgebung aus[ge]übt"[80]. Letztere umfasst u.a. das Haushaltsrecht und damit die Erhebung von Steuern.

Während in allen EU-Mitgliedstaaten entsprechende Maßnahmen zur Implementation demokratischer Legitimation ergriffen wurden, beschäftigte sich auch die

---

73 Vgl.: *Harrington* 2001. Diese Konzeption entwickelte James Harrington (1611–1677) in seinen beiden Hauptwerken "The Commonwealth of Oceana" und "A System of Politics".
74 *Mandt* 1995: 289.
75 *Mandt* 1995: 289.
76 *Mandt* 1995: 288.
77 Innerhalb der westlichen Theorie ist es mehrfach zu Aufrechnungen der materialen gegenüber der prozeduralen Dimension gekommen. Für Thomas Hobbes war z.B. der konfessionelle Bürgerkrieg in England, der der "Glorious Revolution" von 1688 vorausging, Anlass, den Grundwert Leben aus dem „magischen Vieleck" politischer Legitimation herauszulösen. Für den Liberalismus hingegen ist die prozedurale Dimension essenziell: Politische Legitimation „ohne Verfahren ist für liberales Denken unvorstellbar. Die Nicht-Einhaltung von Formen und Verfassungskonventionen ist vielmehr für sich genommen, unabhängig von der Orientierung an legitimen Zielen, der Beginn politischer Illegitimität; und zwar unabhängig davon, ob sie von seiten der Regierenden oder der Regierten erfolgt." *Mandt* 1995: 290.
78 *Luhmann* 1989; vgl. auch: *Wiencke* 2013: 186.
79 *MacIntyre* 1981.
80 *Von Alemann* 2001: 345; vgl. auch: *Holtmann* 2000: 441; *Lenz/Ruchlak* 2001: 162; *Pfahlberg/Weixner* 1995: 170.

Wissenschaft mit dieser Problematik. Unter wirkungsgeschichtlichen Gesichtspunkten muss dabei die Typologisierung von Legitimationsgründen für die Fügsamkeit von Bürgern gegenüber Entscheidungsträgern hervorgehoben werden, die Max Weber 1919 entwickelt hat. Er unterschied zwischen drei „reinen Typen"[81]: der traditionalen (aufgrund eines gewohnheitsmäßigen Glaubens an die Unumstößlichkeit des Systems), der charismatischen (durch die Autorität der außeralltäglichen persönlichen Gnadengabe) und der legalen Herrschaft (kraft eines gesatzten Rationalisierungsprozesses). Während die ersten beiden Typen in der Regel keine wesentliche Bedeutung für demokratisches Regieren besitzen,[82] ist Legitimation nach letzterem nicht rein inhaltlich-normativ zu bestimmen, sondern wird „aus Form und Verfahren hergeleitet"[83]. Diese „wohl einflußreichste"[84] Legitimationstypologie hat zu einer eigenen Fachrichtung („Max-Weber-Forschung")[85] geführt. Es ist allerdings oft bemerkt worden, dass Weber – aufgrund des von ihm vertretenen Postulats der Werturteilsfreiheit in den Sozialwissenschaften – die „Gretchenfrage" nach der Anerkennungswürdigkeit von Herrschaft zugunsten des Legitimitätsglaubens der Bürger vernachlässigt habe.[86]

Nach Weber hat insbesondere Carl Schmitt[87] – nicht allein in Deutschland, sondern insbesondere auch in Italien und den USA – auf die diesbezügliche akademische Erörterung nachhaltigen Einfluss ausgeübt. Im Gegensatz zu dem „Vernunftrepublikaner"[88] Weber nahm Schmitt eine gänzlich andere Gewichtung des Verhältnisses von Legitimität und Legalität vor: Für ihn garantierte Legalität auch „in einer funktionierenden rechtsstaatlichen Demokratie [...] nicht immer die Legitimität"[89].

Die normative Ausrichtung von Weber nahm zusammen mit Schmitts funktionaler Orientierung eine grundsätzliche politikwissenschaftliche Typologisierung vorweg: die Differenzierung zwischen *input-* ("government by the people") und *output-* Legitimation ("government for the people").[90] Während sich politische Systeme durch

---

81 *Weber* 1926: 10.

82 Vgl.: *Bernitsas* 1984: 7 ff.

83 *Schüttemeyer* 1998: 348.

84 *Westle* 2000: 348.

85 Vgl.: *Beetham* 1974: 13 ff; *Hennen* 1976: 1; *Waas* 1995: 226 ff.

86 Nach heutiger Auffassung ist mit Weber die Problematik der Legitimitätstypologie „keineswegs vollständig erfaßt". *Mandt* 1995: 291.

87 Vgl.: *Schmitt* 1932: 263 ff.

88 So wird Weber bezeichnet, weil für ihn rationale (lat. ratio: Vernunft) Legalität eine Legitimationsquelle bildete.

89 *Tsatsos/Morlok* 1982: 188; vgl. auch: *Schmitt* 1932: 263 ff., 269 ff. Letzterer zeigte, dass eine mit der Legalität quasi automatisch gegebene Legitimation eine voraussetzungsvolle Annahme ist, deren Bedingungen praktisch nicht erfüllt werden können. Zur Analyse des Schmittschen Denkens s.: *Hofmann* 1964.

90 Die heutige Differenzierung zwischen diesen beiden Legitimationstypen geht auf die Gettysburg-Rede von Abraham Lincoln vom 19.11.1863 zurück. Vgl.: *Greven* 1998: 201; *Guggenberger* 1985: 130; *Lincoln* 1863; *Scharpf* 1999: 20–29; *Wiencke* 2013: 23 ff.

letztere aufgrund funktionaler Leistungsfähigkeit und Effektivität legitimieren,[91] gründen sie beim ersten Typus auf der Partizipation der Beherrschten. Die damit institutionalisierte Rückbindung der Entscheidungsträger an den Einzelwillen weist einen sehr hohen Legitimationsgrad auf. Das dadurch wiederum erreichte „Höchstmaß an Verwirklichung individueller Freiheiten"[92] hat die repräsentative Demokratie[93] zum Modell für legitimierte Herrschaftsausübung werden lassen.

Auch wenn sich diese Überzeugung unter der Mehrheit der europäischen Politiker und Staatswissenschaftler in der zweiten Hälfte des 19. Jahrhunderts endgültig durchgesetzt hatte, war damit das Problem ihrer Umsetzung noch nicht gelöst. Es bleibt also zu ergründen, an welche Bedingungsfaktoren demokratische Entscheidungen geknüpft sind. Indem im Folgenden der Beantwortung dieser Fragestellung nachgegangen wird, sollen gleichzeitig Faktoren zur Operationalisierung demokratischer Legitimation gefunden werden.

1.4 Bedingungsfaktoren demokratischer Willensbildung

In den Regierungssystemen der europäischen Nationalstaaten konsolidierten sich vor dem Ersten Weltkrieg Verfahren zur Entscheidungsbildung, die auf der Aufklärung und den Konzeptionen vor allem englischer Theoretiker basierten. Dadurch wurden demokratische Legitimationsmerkmale in die Praxis umgesetzt, die von den Grundsätzen geprägt waren, dass alle Menschen frei sind und an den sie betreffenden Entscheidungen partizipieren müssen. Dieses Staatsverständnis wurde zwar zwischenzeitlich durch faschistische Herrschaftssysteme in fast allen kontinentaleuropäischen Ländern verdrängt. Aus dem Zusammenbruch der Diktaturen in Westeuropa (zwischen 1943 und 1975)[94] und der sowjetischen Herrschaft über Osteuropa (1989–91)[95] gingen jedoch in allen heutigen EU-Mitgliedsländern repräsentative Demokratien gestärkt hervor.

---

91 Bei dieser Legitimationsquelle wird davon ausgegangen, dass sich Staatlichkeit nicht allein „aus den Mitteln, die uns die rationale Erkenntnis bietet[, bilden kann, sondern die Zufriedenheit der Politikadressaten mit den Politikergebnissen auch] ihren Sinn erhält durch die ursprünglichen, glaubenshaften Elemente der Gemeinschaft". *Walz* 1936: 45.

92 *Graf Vitzthum* 1994: 10.

93 Vgl. zum Repräsentationsprinzip und Demokratieverständnis: *Hesse/Ellwein* 1992: 120 ff.; *Westle* 2000: 347.

94 In Italien wurde Benito Mussolini nach der Landung der Alliierten in Sizilien am 25.07.1943 gestürzt, das nationalsozialistische Deutschland kapitulierte eine Woche nach Adolf Hitlers Suizid am 30.04.1945. Während die Diktatur von António de Oliveira Salazar in Portugal am 25.04.1974 von einer „Bewegung der Streitkräfte" beendet wurde, herrschte Francisco Franco in Spanien bis zu seinem Tod am 20.11.1975.

95 Eckdaten der Revolutionen in Osteuropa sind die ersten freien Wahlen in Polen am 04.06.1989 und die Unabhängigkeit Lettlands vom 21.08.1991.

Auch wenn die Legitimation der europäischen Länder auf Gemeinsamkeiten beruht, brachte die Entwicklung der Nationalstaaten eine Bandbreite lexikalischer Auslegungen hervor, die für den weiteren Untersuchungsverlauf enger zu fassen ist. In Abgrenzung verwandter Begriffe wurde Legitimation zuvor (1.1) als die Rechtmäßigkeit und Anerkennung (durch die Bürger) eines politischen Systems definiert. Diese Begriffsbestimmung soll nun, mit den üblichen Schwächen und Erkenntnisverlusten, die eine Engführung belasten, zugunsten operationalisierbarer Merkmale präziser gekennzeichnet werden. Dabei ist aufgrund der gegebenen Definition zwei Aspekten nachzugehen: der materiellen und prozeduralen Seite. In diesem Rahmen wurde in den Nationalstaaten eine Legitimationsauffassung „entwickelt, die sich auf die Kombination von Wertüberzeugungen und Grundnormen, konstitutiven Verfahren zur politischen Partizipation, Entscheidungsbildung und Kontrolle von Herrschaft und das Prinzip der Rechtsstaatlichkeit stützt"[96]. Diese Merkmale werden als komplementär und „nicht gegeneinander aufrechenbar betrachtet"[97].

Im Einzelnen bedeutet dies für eine Operationalisierung des ersten Teilaspekts von Legitimation, dass jede Herrschaftsausübung hinsichtlich ihrer *normativen Grundlagen* zu überprüfen ist. Damit diese nicht nur Legitimität, sondern auch demokratisch legitimiertes Regieren garantieren, müssen entsprechende Grundwerte rechtlich festgeschrieben sein. D.h. in erster Linie, dass alle Staatsgewalt auf dem Volk gründen muss.[98] Dessen Souveränität wiederum ist eine voraussetzungsreiche Eigen-

---

96 *Westle* 2000: 342; vgl. auch: *Kevenhörster* 1975: 83ff.

97 *Westle* 2000: 347.

98 Alle EU-Mitgliedstaaten berufen sich in ihren Verfassungsdokumenten auf ihr Volk als Legitimationsquelle. Vgl.: *Belgien* Art. 33; *Bulgarien* Art. 1 Abs. 2; *Dänemark* §§ 2, 3; *Deutschland* Art. 20 Abs. 2; *Estland* § 1; *Finnland* § 2; *Frankreich* Art. 3; *Griechenland* Art. 1 Abs. 3; *Irland* Art. 6 Abs. 1; *Italien* Art. 1; *Kroatien* Art. 1 Abs. 2; *Lettland* Art. 1 Abs. 2; *Litauen* Art. 2; *Luxemburg* Art. 32; *Niederlande* Art. 4; *Österreich* Art. 1; *Polen* Art. 4 Abs. 1; *Portugal* Art. 1; *Rumänien* Art. 2 Abs. 1; *Schweden* Regerings-formen Kap. 1 § 1; *Slowakei* Art. 2 Abs. 1; *Slowenien* Art. 3 Abs. 2; *Spanien* Art. 1 Abs. 2; *Tschechische Republik* Art. 2 Abs. 1; *Ungarn* Art. B Abs. 3; *Vereinigtes Königreich* Bill of Rights vom 23.10.1689; die Zugehörigkeit zum angelsächsischen Rechtskreis spiegelt sich auch in den Verfassungen von *Malta* (Art. 1 Abs. 1 mit der Betonung auf die Grundrechte und -freiheiten des Individuums) und *Zypern* (Art. 1 i. V. m. Art. 2 mit der Besonderheit der griechischen und der türkischen Gemeinschaft). In keinem dieser Länder existiert daneben ein anderes Fundament.
Wie bereits erwähnt (1.2), wird die Volkssouveränität auch nicht durch religiöse Bezüge eingeschränkt; es handelt sich bei diesen Bezugnahmen nach der h.M. des Schrifttums um keine „invocatio dei", (vgl. statt vieler: *Deutscher Bundestag* Drs. 12/6000 (1993): 110; a.M.: *Kunig* 2000: 6 (Präambel, Rn. 13)) da die Verfassungen nicht im Namen Gottes ergehen (vgl. hierzu: *Kelly* 1961: 184ff.) und sich schon aufgrund der national und gemeinschaftsrechtlich verbrieften Religionsfreiheit keine religiösen Verpflichtungen ergeben können: Lediglich in Österreich und dem Vereinigten Königreich existieren keine verfassungsrechtlichen Normen zur Religionsfreiheit, es greift dort nur die gemeinschaftrechtliche Bestimmung *EGV* Art. 13; vgl. hierzu auch die Verfassungen der übrigen 26 EU-Mitgliedstaaten: *Belgien* Art. 24 (hinsichtlich des Schulwesens); *Bulgarien* Art. 6 Abs. 2; *Dänemark* § 71 Abs. 1; *Deutschland* Art. 3 Abs. 3; *Estland* § 40 Abs. 2; *Finnland* § 6; *Frankreich* Art. 1; *Griechenland* Art. 13; *Irland* Art. 44 Abs. 2; *Italien* Art. 3; *Kroatien* Art. 41 Abs. 1; *Lettland* Art. 99;

schaft: Zu ihren Bestandteilen zählen die Freiheit der Bürger, die grundsätzlich gleich sind, an der politischen Willensbildung partizipieren und die Herrschaftsausübung in einem demokratischen, rechtsstaatlichen System fortlaufend kontrollieren können. „Diese Werte sind allen Mitgliedstaaten [...] gemeinsam"[99], die sich in der Europäischen Union zusammengeschlossen und durch diese vertragliche Bestimmung ihre Bedeutung unterstrichen haben.

Damit ist bereits der zweite Aspekt angesprochen: Nachdem sich in den europäischen Nationalstaaten demokratische Grundsätze etabliert hatten, folgten Auseinandersetzungen über ihre prozedurale Implementation. Auch die Partizipation aller Bürger an der politischen *Willensbildung* hängt von mehreren Bedingungsfaktoren ab: Entsprechend der benannten Werte sind allgemeine, gleiche, unmittelbare, freie, geheime und periodische Wahlen[100] ebenso von maßgeblicher Bedeutung wie das Mehrheitsprinzip (beim Schutz von Minderheiten) und die fortlaufende Kontrolle der Herrschaft u. a. durch Gewaltenteilung.[101]

Die für den Erfolg aller Herrschaftssysteme entscheidende freiwillige Befolgung von Normen gewinnt damit in der repräsentativen Demokratie eine herausragende Dimension: Sie gehört zum Grundverständnis der Demokratie, die sich „von ihrem eigenen Anspruch her in direkte Abhängigkeit von der Zustimmung ihrer Bürger"[102] begibt. So löst der demokratische Verfassungsstaat „die prinzipielle Legitimationsbedürftigkeit der Politik"[103] mittels „allgemeiner unmittelbarer"[104] Beteiligung der Bürger an der sie umfassenden politischen Ordnung. Diese Regierungsform ist unter dem Gesichtspunkt der Legitimation „öffentlicher Herrschaft derzeit ohne Alternative"[105]

Litauen Art. 26; *Luxemburg* Art. 19; *Malta* Art. 40 Abs. 1 (auch wenn Art. 2 Abs. 1 die römisch-katholische apostolische Kirche als Staatsreligion festschreibt); *Niederlande* Art. 1, Art. 7 Abs. 1; *Polen* Art. 25 Abs. 1; *Portugal* Art. 19 Abs. 4; *Rumänien* Art. 4 Abs. 2; *Schweden* Regeringsformen Kap. 2 § 1 Abs. 6; *Slowakei* Art. 1; *Slowenien* Art. 7; *Spanien* Art. 14.; *Tschechische Republik* Charta der Grundrechte und Grundfreiheiten Art. 3 Abs. 1 i. V. m. Verf. Art. 3; *Ungarn* Art. VII Abs. 1 (auch wenn das „Nationale Bekenntnis" der Verfassung „die Rolle des Christentums bei der Erhaltung der Nation" anerkennt); *Zypern* Art. 18 Abs. 1.

99 *EUV* Art. 2; vgl. auch: Abschnitt 2.5.

100 „Wahlen lassen sich analog zu den Merkmalen des Wahlrechts unterscheiden in allgemeine und nicht allgemeine, gleiche und nicht gleiche, direkte und indirekte, geheime und nicht geheime (offene) Wahlen." Diese Merkmale „bilden heute unabdingbare Voraussetzungen für die Legitimität einer Demokratie". *Nohlen* 1998: 711. Darüber hinaus werden vereinzelt weitere Wahlgrundsätze benannt, die sich unter die sechs genannten Begriffe subsumieren lassen (z. B. Öffentlichkeit; vgl.: *Karpen* 2005: 31).

101 Vgl. zu diesem Legitimationsverständnis: *Habermas* 1976: 46; *Mandt* 1995: 285.

102 *Westle* 2000: 342.

103 *Mohr* 1988: 471.

104 So die Bestimmung für die Wahlen zum Europäischen Parlament; s.: *EG* ABl. 1976 L 278: 5 (Art. 1); vgl. hierzu auch: *Neumann* 1995: 509.

105 *Kaufmann* 1997: 22; vgl. auch: *Tsatsos/Morlok* 1982: 186.

und gilt – nach dem Winston Churchill zugeschriebenen Ausdruck – als beste bekannte Staatsform.[106]

Sucht man in ihr operationalisierbare Eigenschaften zu identifizieren, bieten sich mit den benannten Bedingungsfaktoren für demokratische Willensbildungsverfahren (vornehmlich) normativ analysierbare Faktoren an. Während diese allesamt im Bereich der *input*-Legitimation anzusiedeln sind, ist die *output*-Dimension kaum angemessen zu erforschen.[107] Letzteres kann im Rahmen dieser Studie nicht erbracht werden und ist deshalb *a priori* von der Analyse ausgeklammert (lediglich die Ergebnisse anderer Arbeiten werden verschiedentlich einbezogen). Folglich wird hier als Untersuchungsraster für einen Legitimationsbegriff plädiert, der weniger auf die materielle Saturiertheit der Bürger als vielmehr auf deren Partizipation an der politischen Willensbildung abstellt.

Dies scheint zudem geboten, da Parteien im Fokus dieser Arbeit stehen und ihre Hauptfunktion in der Herausbildung des politischen Willens der Bürger gesehen wird.[108] Auf welche Art und Weise sie diese Funktion erlangten, warum sie zur politischen Willensbildung und damit zur Legitimation der Parteiendemokratien in den Mitgliedstaaten der Europäischen Union insgesamt beitragen, wird im folgenden Kapitel zu untersuchen sein.

---

106 "Many forms of government have been tried, and will be tried in the world of sin and woe. No one pretends that democracy is perfect or all-wise. Indeed, it has been said that democracy is the worst form of Government except all those other forms that have been tried from time to time." *Vereinigtes Königreich House of Commons* 1947: 206.

107 Dieses Defizit moniert Manfred G. Schmidt, der als Eigenschaft seiner eigenen wissenschaftlichen Standortgebundenheit „sowohl die 'Input'-Seite der Demokratie – vor allem die Beteiligung – zur Sprache kommen [lässt] als auch die 'Output'-Seite, d. h. die Produkte und Ergebnisse demokratischer Entscheidungsprozesse." *Schmidt* 1995: 18.

108 Vgl.: *Stentzel* 2002: 113 ff.

2 Mittelbare Legitimation durch Parteiendemokratie

Die europäischen Nationalstaaten wurden zur Umsetzung der Überzeugung, dass die Partizipation aller (mündigen) Bürger an der politischen Willensbildung das Legitimationsproblem (weitgehend) löst, zwischen dem 17. und 19. Jahrhundert als repräsentative Demokratien verfasst. Die Repräsentanten wiederum begannen – inner- und außerparlamentarisch – sich untereinander zu organisieren, woraus Fraktionen und Parteien hervorgingen.

Die Entwicklung des Verhältnisses zwischen den politischen Parteien und dem Staat wird leichter verständlich, wenn man zunächst die verschiedenen Ursachen von Parteibildungen klärt. (2.1) Politische Parteien sind seit etwas über hundert Jahren Gegenstand mannigfacher wissenschaftlicher Untersuchungen verschiedener Fachrichtungen. Die Politologie hat, ebenso wie u. a. die Rechtswissenschaft und Soziologie, ein kaum zu überblickendes Spektrum an Forschungsergebnissen hervorgebracht. Mit Blick auf das Erkenntnisinteresse müssen die Untersuchungen dieses Kapitels daher weitgehend auf die Ergebnisse deutscher Parteienforscher der Politik- und gelegentlich auch der Rechtswissenschaft beschränkt werden. Eine zweite Eingrenzung ist hinsichtlich des Untersuchungsobjekts vorzunehmen: Parteien existieren in den EU-Mitgliedstaaten nicht nur auf der nationalen Ebene. Da ihre Legitimation zu untersuchen ist, werden jedoch lediglich ihre dortigen Eigenschaften untersucht, wozu die Funktionsdeterminanten zur Vermittlung demokratischer Legitimation der europäischen Nationalstaaten herausgearbeitet werden sollen.

Die (west-)europäische Parteienforschung erfuhr, wie ihr Untersuchungsgegenstand, durch die beiden Weltkriege Zäsuren, die ihre Genese – und damit die folgenden Abschnitte (2.2–2.4) dieses Kapitels – einer Dreiteilung unterwerfen. Michels, Ostrogorski und Weber gaben ab 1903 die Impulse für diesen Forschungsbereich mit Arbeiten, die in zahlreichen Aspekten unverändert gültige Beobachtungen auch für den Untersuchungsgegenstand der vorliegenden Studie festhielten. In diesem ersten Stadium bekämpfte der Staat zunächst die Parteien (und umgekehrt) oder versuchte sie zu ignorieren. Es folgte die Zwischenkriegszeit, in der sich Parteientypologien herausbildeten (Exkurs in 2.3) und der Parteienstaat etablierte; das Verhältnis zwischen dem Staat und den Parteien änderte sich dahingehend, dass (in der Regel) eine wechselseitige Anerkennung erfolgte, Parteien legalisiert wurden und um parlamentarische Mehrheiten kämpften. Dem schloss sich, wie Triepel die weitere Entwicklung bereits 1927 richtig einschätzte, nach dem Zweiten Weltkrieg die „Ära der verfassungsmäßigen Inkorporation"[109] an. Politische Parteien sind seitdem ein fester Bestandteil demokratischer Ordnungen, ihnen kommt eine staatstragende Funktion als Transmitter zwischen den Bürgern und den staatlichen Institutionen zu.

---

109 *Triepel* 1927: 8.

https://doi.org/10.1515/9783110567144-003

Deshalb können die Parteifunktionen nur im Rahmen ihrer Rolle im Staat verstanden werden. Der entscheidende Moment für die Legitimation der Herrschaftsausübenden ist dabei der Wahlakt der Bürger. Den diesbezüglichen Vorschriften (2.5) ist dahingehend nachzugehen, ob sie den Werten und Verfahren der zuvor (1.4) identifizierten Legitimationsgrundsätze (west-)europäischer Prägung Genüge leisten.

Aufgrund der EU-weiten „mittelbaren Legitimation"[110] der Repräsentanten durch die nationalen Parteiendemokratien sind an diese wiederum mehrere Voraussetzungen für ihre Funktionen und Organisationsmerkmale geknüpft. Indem die demokratietheoretischen Legitimationsmerkmale politischer Parteien dieses zweiten Kapitels zusammengefasst werden, (2.6) wird schließlich der Analyserahmen für die nachfolgende Untersuchung der nationalen Parteiensysteme in der Europäischen Union aufgezeigt.

2.1 Gründung politischer Parteien

Sieht man von wenigen konservativen Parteien ab, deren Gründung auf die Bewahrung des *status quo* abzielte, entstanden Parteien in den EU-Mitgliedstaaten überwiegend „als Kampfinstrumente bestimmter Bevölkerungsgruppen und -klassen zur Erlangung und Sicherung von Einfluß auf den Staat"[111]. Neben dem Klassengegensatz von Arbeit und Kapital bildeten dabei ethnische, nationale, regionale, kulturelle und territoriale Konfliktlinien die Grundlage der Parteiformierung.[112]

Die Entstehung erster Parteiungen im *Vereinigten Königreich* war die Folge der „einsetzenden Legitimierung eines gesellschaftlichen Pluralismus in einem parlamentarischen System"[113]. Aus den zur Zeit der "Glorious Revolution" von 1688 entstandenen parlamentarischen Vereinigungen der Tories und Whigs entwickelten sich heute noch bestehende Parteien. Wie das dortige politische System insgesamt, „folgte auch die Entwicklung des Parteienrechts in dem Land mit der längsten demokratischen Tradition der Neuzeit eigenen Wegen"[114]. Diesbezügliche Besonderheiten werden noch mehrfach anzusprechen sein. Die britischen Parteien gingen infolge der Wahlrechtsreformen von 1832 und insbesondere 1867 (allgemeines Wahlrecht für männliche Haushaltsvorstände) aus dem Parlament heraus und bauten dauerhafte Organisationen auf.[115]

---

110 Vgl. zu diesem Begriff: *Scheuner* 1980: 479; *Tsatsos/Morlok* 1982: 186.
111 *Krippendorff* 1962: 65.
112 Vgl.: *Schultze* 1998: 455. Zur Cleavage-Theorie vgl. auch: *Kaiser* 2002.
113 *Monath* 1998: 79.
114 *Monath* 1998: 79.
115 Vgl.: *Andrews* 1999: 1160; *Ball* 1987: 2; *Berg-Schlosser* 1978: 145 ff.; *Ingle* 2000: 6; *Jennings* 1966: 13, 34 ff.; *Pelling* 1954: 1 ff.; *Smith* 1990: 304 ff.; *Sontheimer* 1972: 57 ff.

Auch wenn politische Gruppen in *Frankreich* seit der Revolution von 1789 bekannt waren, wurden Parteien im modernen Sinne erst relativ spät gegründet. Ihre Entstehung ging – im Gegensatz zu den meisten europäischen Staaten – nicht mit der verfassungsrechtlichen Entwicklung einher: Zwar war das Parlament seit Beginn der Dritten Republik 1870 die herausragende politische Institution. Dort arbeiteten die bereits zuvor (1848) in allgemeinen Wahlen bestimmten Abgeordneten jedoch unabhängig von Gruppierungen. Es dauerte, bis 1901 die erste französische Partei gegründet wurde – nicht auf Initiative einer Parlamentsfraktion, sondern in dem „Bestreben, die Linkskräfte zu vereinen"[116]. Zusammen mit den Entwicklungen im Vereinigten Königreich war gleichwohl von der Französischen Revolution der Impuls für Parteigründungen in den meisten anderen Staaten ausgegangen, die heute der Europäischen Union angehören.

Ein anderes Motiv begründete auf der iberischen Halbinsel Parteigründungen: Dort gehen die Ursprünge auf konservative Gruppen zurück. Die *spanische* Partido Moderado unterstützte ab 1834 das dortige Königshaus[117] ebenso wie acht Jahre später gebildete konservative Gruppen *Portugals,* die sich jedoch erst nach der Gründung der Republik im Jahr 1910 als Parteien etablierten.[118]

In allen übrigen Staaten hingegen betraten Parteien die politische Bühne aus zwei Hauptmotiven: entweder infolge von Partizipationsmöglichkeiten durch Wahlrechtsreformen oder als Oppositionsbewegung gegen die bestehenden Verhältnisse. Letzteres bewirkte in Europa mehrere Unabhängigkeiten aus den Vielvölkerstaaten des Niederländischen und Vereinigten Königreichs, Österreich-Ungarns und des Zarenreiches.

In *Belgien* resultierte der erste parteibildende Gegensatz aus den konkurrierenden Machtansprüchen des liberalen Bürgertums und der katholischen Kirche während der Revolution von 1830. Diese führte zur Loslösung von den Niederlanden und der Gründung der Liberalen Partei 1846 bzw. der Katholischen Partei 1869.[119]

Auf vergleichbare Art und Weise gingen 1922 aus der von Sinn Féin („Wir selbst") angeführten *irischen* Unabhängigkeitsbewegung nach der Staatsgründung unterschiedliche Parteien hervor, die kontroverse Ansichten zum Verhältnis zu dem Vereinigten Königreich hatten.[120] *Malta* erreichte zwar erst 1964 die Unabhängigkeit von

---

116 *Fromont* 1990: 222; vgl. auch: *Burkhardt/Niedhart* 1981: 173; *Dadder* 1980: 106 f.; *Le Divellec* 2015: 16; *Kunz* 1978: 74 f.

117 Vgl.: *Bernecker* 1981: 640 ff.; *Herzog* 1978: 496 ff.; *Maier* 1978: 234 f.; *Puente Egido* 1990: 638 ff.

118 Vgl.: *Herzog* 1978: 433; *Kreidler-Preuss* 1988: 60; *Maier* 1978: 228 f.; *de Sousa* 1990: 594 ff.; *Thomashausen* 1981a: 495 f.; *Thomashausen* 1981b: 30 ff.

119 Vgl.: *Dadder* 1980: 27 f.; *Geismann* 1964: 41 ff., 130 f.; *Hartmann* 1978: 46 f.; *Nohlen* 2014: 49; *Suetens* 1990: 30 ff.; *Wende* 1981: 9 f.

120 Vgl.: *Ayearst* 1971: 45 ff.; *Berg-Schlosser* 1978: 156 f.; *Dadder* 1980: 159 ff.; *Doerries* 1981: 257 ff.; *Kelly* 1961: 1; *Kelly* 1990: 340 ff.; *Lagoni* 1973: 17 ff., 176 ff.; *Murphy* 1978: 282 f.; *Siaroff* 2000: 303; *Ward* 1999: 537. Lediglich die irische Labour Party war bereits 1922 von einer Gewerkschaft gegründet worden. Vgl.: *Boothroyd* 2001: 137.

der britischen Krone; als diese 1880 Englisch als Amtssprache einführte, formierte sich bei der Italien verbundenen Oberschicht auf der Insel und dem dortigen konservativen Klerus allerdings bereits der Widerstand in der Reformist Party, die später zur heutigen Nationalist Party weiterentwickelt wurde.[121] Im Jahr 1926 und damit ebenfalls deutlich vor der Unabhängigkeit (1960) gründeten auch in *Zypern* Kommunisten die erste politische Partei; aus ihr ging 1941 mit der Progressiven Partei des werktätigen Volkes (AKEL) „eine tragende Kraft im zypriotischen Unabhängigkeitskampf"[122] (und bis heute maßgebliche Partei) hervor.

Auch in den Ländern der *österreichisch-ungarischen* Doppelmonarchie war die politische Partizipation aller Bevölkerungsteile und -schichten die treibende Kraft zur Gründung von Parteien. So entstanden zunächst mit der Einführung des Reichsrates (1861/67) neben der Institution des Kaisers die ersten Fraktionen, bevor diese im Gefolge mehrerer Wahlrechtsreformen schließlich 1907 (allgemeines Männerwahlrecht) landesweit agierende Massenparteien bildeten.[123] Daneben sind aber auch dort Volksbewegungen vor und während der k.u.k.-Monarchie ursächlich für Parteigründungen gewesen; dies waren u.a. die *Kroatisch*-Ungarische Partei (1841)[124], die *slowenische* Staroslovenci („Altslowenen", gebildet um 1848)[125], die *Rumänische* Nationalpartei im Banat bzw. in Siebenbürgen (beide 1869)[126], sowie die *Slowakische* Nationalpartei (1871)[127].

Als erste in ihrem Land gründete sich die *Estnische* Nationale Fortschrittspartei 1905. Im Gefolge der im Januar ausgelösten russischen Revolutionsbewegung vereinigten sich in ihr hauptsächlich wohlhabende einheimische Landbesitzer in Opposition zu den baltendeutschen Großgrundbesitzern und dem russischen Zaren.[128] Auch in *Finnland* begann die parteipolitische Geschichte bereits vor der Unabhängigkeit, die es 1917 von Russland gewann. Unter der seit 1809 bestandenen Zaren-Herrschaft hatten die Finnen allerdings weitgehende Selbstständigkeit genossen: 1863 konstituierten sie einen Ständetag, in dem sich verschiedene Fraktionen etablierten, ohne jedoch einen außerparlamentarischen Unterbau zu errichten. Zur Entstehung moderner Parteien führte erst 1906 das allgemeine Wahlrecht (auch für Frauen).[129]

Neben der Opposition zu monarchischen Vielvölkerstaaten war in mehreren von ihnen auch der Klassengegensatz ausschlaggebend für erste Parteigründungen: Die

---

121 *Pace* 2012: 105f.
122 *Wagener* 2012: 64.
123 Vgl.: *Maier* 1978: 172ff.; *Mommsen-Reindl* 1981: 441ff.; *Pelinka* 1978: 412ff.; *Schambeck* 1976: 63; *O'Regan* 1999: 64ff.; *Welan* 1988: 63f.
124 Vgl.: *Djilas* 1991: 25.
125 Vgl.: *Prijatelj* 1955; *Rogel* 1977: 21.
126 Vgl.: *Constantinescu* 1971: 45; *Csucsuja* 1999: 168.
127 Vgl.: *Kirschbaum* 1995: 138.
128 Vgl.: *Biin/Albi* 2012: 116, *Bugajski* 2002: 44.
129 Vgl.: *Kunz* 1978: 213ff.; *Nohlen* 2014: 49; *Pesonen/Rantala* 1978: 141f.; *Wagner* 1981: 147, 149f.

älteste politische Partei in der *Tschechischen Republik* bilden die seit 1878 vereinigten Sozialdemokraten. (Im Laufe der Geschichte wurde von der ursprünglichen Tschechoslowakischen Sozialdemokratischen Partei in Österreich zunächst 1894 der k.u.k.-Bezug gestrichen und nach der Trennung von der Slowakei aus ihr schließlich die heutige Tschechische Sozialdemokratische Partei.[130]) Der Gründung der *Polnischen* Sozialistischen Partei 1892 folgte ein Jahr später die Sozialdemokratie des Königreichs Polen und *Litauen*.[131] In *Lettland* führte ebenfalls der Klassengegensatz zur ersten Parteigründung: Die dortige Sozialdemokratische Arbeiterpartei wurde ursprünglich 1904 gebildet.[132]

Unabhängig von der späten Nationalstaatsgründung ging der Impuls für die zuletzt genannten sozialdemokratischen Parteigründungen von *Deutschland* aus. Hier waren Parteien bereits während der Revolution von 1848 geschaffen worden. „[Z]ur Konstituierung einer organisierten Parteienlandschaft"[133] kam es schließlich, als mit dem Allgemeinen Deutschen Arbeiterverein 1863 die Vorläuferorganisation der SPD noch vor dem Deutschen Reich (1871) gegründet wurde.

In anderen Ländern war das zweite Hauptmotiv, die Einführung des Parlamentarismus, der maßgebliche Impuls für Parteigründungen. Sie erfolgten in *Griechenland* nach Einführung der demokratischen Staatsform 1864 und insbesondere dem allgemeinen Männerwahlrecht 1877. Die relativ frühe Etablierung des dortigen Parteiensystems schlug sich 1927 darin nieder, dass im Mutterland der Demokratie auch als erstes Vorschriften über politische Parteien in die Verfassung aufgenommen wurden.[134] Desgleichen gründete sich in *Bulgarien* die Liberale Partei infolge der Einführung des allgemeinen Wahlrechts für Männer 1879.[135] Ebenso schafften die Wahlrechtsreformen in *Italien* von 1882 und 1918/19 (desgleichen mit der Einführung des allgemeinen Männerwahlrechts) ein „hinreichendes Betätigungsfeld für eine parteipolitische Arbeit"[136].

Auch in den *Niederlanden* war die Herausbildung politischer Parteien eng mit der Partizipation der Bürger an dem politischen Willensbildungsprozess verbunden. Im 1849 konstituierten Parlament existierten aufgrund der Wahlberechtigung von lediglich drei Prozent (Stand: 1887) der Bevölkerung zunächst nur Fraktionen. Erst die Wahlrechtsreformen von 1887 und 1917/19, durch die das allgemeine Wahlrecht

---

130 *Talmon* 2013: 208.

131 *Neutatz* 2013: 95; *Zloch* 2010: 26.

132 *Bugajski* 2002: 106.

133 *Hesse* 2004: 168; vgl. auch: *Treue* 1961: 9.

134 Vgl.: *Katsoulis* 1978: 215 ff.; *Maier* 1978: 223 f.; *Nohlen* 2014: 49; *Papadimitriou* 1990: 264 ff.; *Tsatsos* 1990: 11 ff. Hass hingegen datiert entgegen der vorgenannten Quellen die Entstehung moderner Parteien in Griechenland erst auf die Zeit nach dem Zweiten Weltkrieg; vgl.: *Hass* 1999: 422 f.

135 *Crampton* 1987: 21; *Crampton* 2007: 450.

136 *Monath* 1998: 84; vgl. auch: *Dadder* 1980: 169 f., 184, 190; *Hass* 1999: 558, 562; *Lanchester* 1990: 372 ff.; *Murphy* 1978: 305 ff.; *Nohlen* 2014: 49; *Petersen* 1981: 293.

sukzessive eingeführt wurde, zogen die Entstehung „landesweit agierender, die Massen ansprechenden Parteien"[137] nach sich. Parallel dazu verlief die Entwicklung in *Luxemburg*, das sich erstmals 1848 eine Verfassung gab. Da auch dort zunächst nur ein Bruchteil der Bevölkerung wahlberechtigt war (1868: drei Prozent), konstituierten sich Parteien erst infolge der Wahlrechtsreformen zwischen 1892 und 1919.[138]

Als 1866 in *Schweden* die alte Ständeversammlung durch einen Zwei-Kammer-Reichstag abgelöst wurde, gewannen politische Parteien in Form von Parlamentsparteiungen erstmals Bedeutung. Im Zuge der Wahlrechtsreformen von 1909 und 1921, an deren Ende die Abschaffung des Zensuswahlrechts zugunsten des allgemeinen Wahlrechts stand, konstituierten sich dort politische Parteien im modernen Sinne.[139] In *Dänemark* entstanden politische Gruppierungen infolge des Kampfes um Parlamentarismus im Zusammenhang mit dem sogenannten „Junigrundgesetz" von 1849, das eine freie und demokratische Verfassung mit (jedoch nicht allgemeinen) Wahlen statuierte. Diese Gruppierungen verfestigten sich im Laufe der folgenden Jahrzehnte, ihre Etablierung als politische Parteien erreichten sie nach der Einführung des parlamentarischen Regierungssystems 1901 und insbesondere des Verhältniswahlrechts 1920.[140]

Versucht man eine gesamthafte Betrachtung der europaweiten Parteiengenese vorzunehmen, ist zwischen verschiedenen Gründungsimpulsen zu differenzieren: Unabhängigkeitsbewegungen und Klassengegensätze waren vielerorts das Hauptmotiv von Bürgern, ihre Interessen gegen die bestehenden Verhältnisse erstmals in Parteien zu artikulieren. Während sie damit in Opposition zu den bestehenden Systemen agierten, motivierten – systeminterne, wenngleich durch externen Druck eingeführte – Wahlrechtsreformen andernorts zur Gründung erster politischer Parteien. In den Ländern der zweiten Gruppe sahen sich die parlamentarisch vertretenen Fraktionen dazu veranlasst, außerparlamentarische Organisationsformen zu schaffen. Das Verhältnis von Fraktionen zu Parteien wurde dabei bestimmt von der Rolle ersterer als „Parteien im Parlament"[141].

Ferner ist auffällig, dass die Durchdringung der Staatssysteme durch politische Parteien regional erfolgte; die Gründungen stimulierten sich entsprechend der Herrschaftssysteme in der zweiten Hälfte des 19. Jahrhunderts gegenseitig. Diese Entwicklung brachte außerhalb des Vereinigten Königreichs (und mit Einschränkungen in Frankreich) einen relativ homogenen Parteientypus in den Mitgliedstaaten der Euro-

---

137 *Monath* 1998: 88; vgl. auch: *Dadder* 1980: 214; *Elzinga* 1990: 509 f.; *Geismann* 1964: 31 f.; *Hartmann* 1978: 373 f.; *Lademacher/van Slooten* 1981: 403 ff.; *Nohlen* 2014: 49.
138 Vgl.: *Hartmann* 1978: 366; *Nohlen* 2014: 49; *Stammen* 1978: 123 f.; *Trausch* 1981: 387 ff.; *Wivenes* 1990: 438 ff.
139 Vgl.: *Stjernquist* 1977: 317.
140 Vgl.: *Dadder* 1980: 43 ff.; *Dänemark* Riges Grundlov (Verf.) § 31 Abs. 2; *Lahme* 1981: 45 f.; *Miller* 1991: 68 ff.; *Rubart* 1978: 122 f.; *Vesterdorf* 1990: 75 ff.
141 *Schüttemeyer* 1998: 193.

päischen Union hervor, der „in wesentlichen Indikatoren überwiegend übereinstimmt, aber doch nicht hundertprozentig identisch ist"[142]. Diese Ausgangssituation sei auch für die gemeinsamen Bestrebungen nationaler Parteien zur Gründung europaweiter Verbünde festgehalten, die jedoch „keine Hauptakteure der europäischen Politik sind"[143].

2.2 Anfänge der Parteienforschung

Für die soeben dargestellte Gründungsphase der politischen Parteien haben Lipset/ Rokkan als theoretischen Rahmen vier *cleavages* hervorgehoben: im Prozess der nationalen Revolution den Konflikt zwischen dominanter *versus* unterworfener Kultur (ethnische, sprachliche Konflikte) und Staat *versus* Kirche sowie im Prozess der industriellen Revolution den Konflikt zwischen Agrar- *versus* Industrieinteressen und Kapital *versus* Arbeit.[144] Hierauf aufbauend hat Klaus von Beyme zur Erklärung der Entstehung von modernen Parteien zwischen drei Ansätzen unterschieden: institutionellen Theorien sowie historischen Krisensituations- und Modernisierungstheorien.[145]

Beide Ansätze haben die interessen- und konfliktorientierte Interpretation der Gründung von Parteien gemein, die durch die Empirie aller EU-Mitgliedstaaten im vorherigen Abschnitt gestützt wurde. Für die nun anstehende Untersuchung ihrer weiteren Entwicklung ist dabei interessant, dass die politischen Parteien parallel zu den wachsenden Kompetenzen des Staates, der in immer weitere Bereiche des Lebens seiner Angehörigen vordrang, an Einfluss gewannen. Ihre Legitimation hierfür bezogen sie erstens aus der „Interessenrepräsentation"[146] bestimmter sozialer Bevölkerungsgruppen, über die zumeist der Parteiname Auskunft gab. Zweitens waren sie häufig auch als Antwort auf die Legitimationskrise des monarchischen Herrschaftsmodells entstanden. Diese (oftmals sozialdemokratischen) Parteien verfolgten mit ihren Gründungen in ganz Europa jedoch nicht das Ziel, die Legitimationskrise der sich *de jure* noch auf das Gottesgnadentum berufenden Monarchien zu lösen, sondern ihre eigene Machtteilhabe an dem Staat zu erreichen.

Wenngleich insbesondere die Juristerei und die Philosophie die gesellschaftliche Bewegung für die Mitsprache in öffentlichen Angelegenheiten begleiteten, entstand die empirisch orientierte Parteienforschung nicht im Verlauf dieses Prozesses, sondern „erst aus der Enttäuschung über die Entwicklung moderner Massendemokratien"[147].

---

142 *Deinzer* 1999: 11.
143 *Morlok* 2013b: 251.
144 Vgl. zur Konzeption von Lipset/Rokkan: *Schultze* 1998: 455f.
145 Vgl.: *von Beyme* 1984: 27f.
146 *Krippendorff* 1962: 65.
147 *Von Beyme* 1995b: 392.

Als Erster beobachtete der Russe Moisei Ostrogorski[148] die Tendenz der Parteien, politische Entscheidungen „aus den parlamentarischen Organen herauszuverlagern [und kam zu dem Schluss:] Parteien zerstören die Grundlagen einer liberalen Demokratie"[149].

Ohne Würdigung des Werkes von Ostrogorski[150] ging der engagierte deutsche Sozialdemokrat Robert Michels[151] 1910 der Frage nach, warum die sozialrevolutionären und demokratischen Parteien einerseits „theoretisch ihren wesentlichsten Lebenszweck in der Bekämpfung der Oligarchie in allen ihren Formen"[152] erblicken, während sie andererseits „die gleichen, von ihr befehdeten Tendenzen in sich selbst entwickeln"[153]. Michels Kritik an der „oligarchische[n] Krankheit"[154] traf das bis heute fortbestehende Kernproblem der mitgliedstaatlichen Parteiendemokratien und der EU selbst: Der Herrschaftsapparat wird von kleinen (Partei-)Eliten dominiert, deren demokratische Legitimation disputabel ist.

Neben der Auslagerung von ursprünglichen Parlamentskompetenzen zu Parteieliten haben bereits die Väter der Parteienforschung ein weiteres Problemfeld aufgezeigt, das noch zu erörtern sein wird und von Michels in der zweiten Auflage seiner „Soziologie des Parteiwesens" 1924 als der „Schrei nach der Zahl als politischer Machtfaktor" beschrieben wurde:

> „Partei heißt Trennung, Absonderung; *pars*, nicht *totum*. Partei ist also Begrenzung. Indes bewirken andere Umstände, die Macht der Zahl und das in jeder Partei liegende Objekt der Staatswerdung, die Entstehung eines Gesetzes der Transgression, demzufolge die Partei die immanente Tendenz verfolgt, nicht nur sich zu erweitern, sondern sich über den ihr genetisch gegebenen oder durch ihr grundlegendes Programm gezogenen sozialen Bestand hinaus auszudehnen."[155]

Die beiden Pioniere der Parteienforschung arbeiteten induktiv. Während Ostrogorski seine Beobachtungen vom korrumpierenden Charakter der amerikanischen Parteipolitik auf die britischen Parteien übertrug, formulierte Michels die Ergebnisse seiner Fallstudie über die deutsche Sozialdemokratie als allgemeingültige „Gesetze" jeder politischen Partei. Gemein ist beiden auch der kritische Impetus ihrer Parteienanalyse.

---

148 Моисей Яковлевич Острогорский, häufig auch Mosei transkribiert. Vgl.: *Ostrogorski* 1903; *Stubbe-da Luz* 1998: 169–182.

149 *Hartmann* 1979: 3.

150 Vgl.: *Conze* 1957: 379.

151 Vgl.: *Michels* 1910.

152 *Michels* 1910: 12.

153 *Michels* 1910: 12.

154 *Michels* 1910: 350.

155 *Michels* 1957: 20. Lat. pars: Teil; totum: das Ganze. Vgl. hierzu auch: *Morlok* 2008: 9.

Auf diesen verzichtete Max Weber, durch den die interdisziplinäre Forschung eine neue Qualität gewann. Der Heidelberger Soziologe hat als Erster das Phänomen der politischen Partei begrifflich bestimmt:

> „Parteien sollen heißen auf (formal) freier Werbung beruhende Vergesellschaftungen mit dem Zweck, ihren Leitern innerhalb eines Verbandes Macht und ihren aktiven Teilnehmern dadurch (ideelle oder materielle) Chancen (der Durchsetzung von sachlichen Zielen oder der Erlangung von persönlichen Vorteilen oder beides) zuzuwenden."[156]

Diese Definition konnte in den zahlreichen Debatten der Parteienforschung ihre Gültigkeit nachhaltig behaupten.[157]

Die Anfänge der Parteienforschung gaben den nachfolgenden theoretischen und empirischen Arbeiten grundlegende Anstöße.[158] Zwar ist Ostrogorskis Werk auch über hundert Jahre nach seiner Publikation nur im französischen Original erhältlich und war international kaum Diskussionsobjekt. Hingegen sind vor allem Weber, aber auch Michels weltweit rezipiert worden.[159] Letzterer provozierte mit seiner These von der Unvereinbarkeit von Demokratie und organisierten Parteien zahlreiche Debatten: Hauptsächlich Akademiker in der Tradition der angelsächsischen Politikwissenschaft brachten Einwände vor und wollten seine Schlussfolgerungen über die Zerstörung der Demokratie durch die Oligarchisierung der Parteien widerlegt haben. So hielt ihm John D. May entgegen, dass die oligarchisierten Parteien deshalb nicht die demokratische Herrschaft bedrohen, weil die Oligarchien der rivalisierenden Parteien sich wechselseitig kontrollieren. Giovanni Satori begriff Oligarchie als ein politisches Phänomen, das auf der vielfach belegten Apathie der Mitglieder aller freiwilligen politischen Organisationen beruht. Oligarchien seien nicht *eo ipso* undemokratisch, da demokratische Oligarchien zumindest die Chance garantieren, ausgewechselt zu werden.[160]

Aus den Anfängen der Parteienforschung ist für den weiteren Untersuchungsverlauf zweierlei festzuhalten: Webers (nationalstaatliche) Parteiendefinition ist le-

---

156 *Weber* 1976: 167.

157 Vgl.: *Hartmann* 1979: 5; *Neumann* 1995: 613; *Niedermayer* 2013: 63 (bei allerdings „sehr unterschiedlichen Zielsetzungen [politischer Macht], die vom Streben nach individuellen materiellen Vorteilen bis zur Orientierung am Gemeinwohl reichen"); *Schultze* 1998: 455ff.; *Wiesendahl* 2006: 6. Hingegen kritisiert *Ulrich von Alemann* (2010: 2) Webers Definition als „zeitgebunden[, sie könne] heute nicht mehr überzeugen (das gilt für seine ‚Vergesellschaftungen' genauso wie für die Annahme, eine Partei müsse den Leitern eines Verbandes Macht zuwenden)".

158 Vgl.: *Hartmann* 1979: 3.

159 Z.B. in der Begriffsbestimmung nach Ossip K. Flechtheim: „Eine Partei ist eine auf mehr oder weniger freier Werbung beruhende, relativ festgefügte Kampforganisation, die innerhalb einer politischen Gebietskörperschaft mittels der Übernahme von Stellen im Herrschaftsapparat soviel Macht besitzt oder zu erwerben sucht, daß sie ihre ideellen und/oder materiellen Ziele verwirklichen kann." *Stammen* 1978: 59.

160 Vgl.: *Hartmann* 1979: 6f.

diglich um einzelne – später nachzutragende (4) – Komponenten zu ergänzen. Die moderne Kritik an Michels unterstreicht die Relevanz seiner Denkanstöße; auch die europäische Einigung implizierte die von ihm kritisierten Oligarchien: Jean Monnet setzte für die Dynamik des Integrationsprozesses bewusst auf Eliten, in der Erwartung, dass die öffentliche Unterstützung der Entwicklung nachfolgen würde.[161]

2.3 Etablierung des Parteienstaates

Nach dem Ende des Ersten Weltkrieges etablierte sich in den seinerzeit demokratischen Staaten der heutigen EU der Parteienstaat.[162] Politische Parteien durchdrangen in der Verfassungswirklichkeit staatliche Bereiche, obwohl sie in der Zwischenkriegszeit europaweit nahezu ausschließlich über Bestimmungen zum Verhältniswahlrecht normativ impliziert waren. Sie traten damit in die zweite Entwicklungsphase, die durch eine Neudefinition ihres Verhältnisses zum Staat gekennzeichnet war: Nachdem ihr Wirken in der Regel bis *dato* vom – im jeweiligen nationalen Rahmen geführten[163] – gemeinsamen Kampf gegen den Staat geprägt war, wurden sie nun untereinander zu Konkurrenten,[164] die nach parlamentarischen Mehrheiten strebten.

Das im 19. Jahrhundert in den meisten europäischen Ländern eingeführte bzw. fundamental reformierte Wahlrecht und der Funktionswandel der Parlamente zu rechtsetzenden Institutionen zeitigten also unmittelbar Rückwirkungen auf die Tätigkeiten der Parteien. Sie sahen fortan ihren Wesensgehalt nicht mehr in der Repräsentation, sondern in der Durchsetzung ihrer Interessen. Zu diesem Zweck dehnten sie sich nach Michels „Gesetz der Transgression" über ihren ursprünglichen „sozialen Bestand"[165] hinaus aus.

So suchten bereits, fünfzig Jahre bevor Michels Volksparteithese[166] angesichts der realen Parteienentwicklung erneut diskutiert werden sollte (2.4), in den 1920er Jahren

---

161 Vgl.: *Wallace/Smith* 1995: 140.

162 Der Terminus „Parteienstaat" entstammt ursprünglich der Weimarer Staatsrechtslehre: Er schrieb den Parteien entscheidende Funktionen für die staatsrechtliche Organisation zu, z. T. fungierte er aber auch als politisch-polemischer Kampfbegriff, der sich abwertend gegen die Parteiendemokratie richtete. Vgl.: *Bendel* 1998: 463f.

163 Die Sozialistische Internationale konstituierte sich zwar bereits 1864 im Zuge sozialdemokratischer Parteigründungen in zahlreichen Ländern. (2.1) Ihre Aktivitäten hatten jedoch keine nachhaltigen Auswirkungen auf die Entwicklung der nationalen Parteien.

164 Vgl.: *Krippendorff* 1962: 65.

165 *Michels* 1957: III, 20 ff.

166 Der Begriff „Volkspartei" findet in der Fachliteratur unterschiedliche Anwendung. In der Regel wird, wie in der vorliegenden Studie, mit diesem Begriff eine Partei gekennzeichnet, „die eine gewisse Größe (gemessen an Wählerstimmen) hat, programmatisch breite Wählerschichten anspricht und deren Wählerschaft tatsächlich auch aus verschiedenen Schichten zusammengesetzt wird". *Bendel* 1998: 696. Klaus von Beyme hingegen verwendet den gleichen Begriff für die Parteien ethnischer

Parteien unterschiedlicher Couleur, ihren Anspruch auf die Vertretung größerer Bevölkerungsgruppen durch das Attribut „Volk" zu bekräftigen: Der sizilianische Pater Don Luigi Sturzo führte mit der Gründung der Partito Populare am 18. Januar 1919[167] einen Begriff ein, den sich in den Jahren zwischen den Weltkriegen auch anderswo Parteien zum Ziel setzten. Der rechtsstehenden Deutschnationalen Volkspartei, der christdemokratischen Parti Démocrate Populaire in Frankreich und der schwedischen Folkpartiet liberalerna – um nur drei zu nennen – verweigerten die Wähler jedoch das Erreichen ihres selbstgesetzten Anspruches, mehr als nur Teile des Volkes (wie es die damaligen „Klassenparteien" auch taten) zu repräsentieren.

Dennoch bildeten sich in dieser zweiten Entwicklungsphase die bis heute bestehenden *Typologien von Parteien* heraus. Bei allen Einschränkungen, die vorzunehmen sind, wenn wichtige Eigenschaften vernachlässigt werden, um Idealtypen zu stilisieren, kann man hier bereits in einem kleinen Exkurs grundsätzliche Parteiarten klassifizieren. Zunächst stellt man in der historischen Entwicklung der nationalen Parteien die *Honoratiorenparteien* (auch als Repräsentationsparteien bezeichnet) den Massenparteien gegenüber: Erstere sprachen bis ins 20. Jahrhundert hinein für das Bürgertum und stellten freie Repräsentanten. *Massenparteien* bildeten sich erst mit der Demokratisierung des Wahlrechts, sie vertraten hauptsächlich die Arbeiterklasse und waren gekennzeichnet durch eine „breite Organisation, hauptberufliche Funktionäre, straffe Disziplin, theoretisch fundierte Programme, Beitragszahlungen [...], permanente und nicht nur gelegentliche Aktivität, Parteiarbeit vor allem außerhalb des Parlaments [sowie] allgemeine und umfassende Integration des Mitglieds in seine Partei"[168], woher auch die ebenfalls verwendete Bezeichnung als „Integrationspartei" herrührt. Dem Typus der Massen- bzw. Integrationspartei ist mit ihrer umfassenden politischen Theorie und der Verfolgung langfristiger Ziele die *Programmpartei* verwandt. *Plattformparteien* propagieren werbewirksam jeweils kurzfristig vor Wahlen ihre politischen Vorstellungen. „Ein moderner Begriff für Plattformpartei ist Volkspartei"[169] – wie ihn sich auch die Europäische Volkspartei bewusst gab.

Minderheiten im Baskenland, im Aosta-Tal, in Südtirol und für die schwedische Volkspartei in Finnland. Vgl.: *von Beyme* 1984: 169.

Im Rahmen der kritischen Bewertung des „Parteienstaats" lehnt Alf Mintzel aufgrund seiner empirischen Studie über die CSU das Volkspartei-Konzept insgesamt ab und bezeichnet CDU/CSU und SPD als „Großparteien". *Mintzel* 1989: 3ff.; vgl. auch: *Mintzel* 1984: 293ff. Diese „Großparteien" kennzeichnen Mintzel und Heinrich Oberreuter in einer gemeinsam vorgenommenen Bewertung der deutschen Parteien als „Mischtypen mit sehr verschiedenen, heterogenen Strukturelementen und -eigenschaften", bei denen nur feststeht, dass sie sich von der liberalen Repräsentationspartei und der Integrationspartei unterscheiden. Mit dieser neuen Begriffsbezeichnung sucht die Politikwissenschaft, sich des Begriffs wieder zu entledigen, der ihr vom „allgemeinen Sprachgebrauch [...] regelrecht aufoktroyiert" (*Niclauß* 2002: 30) wurde.

167 Vgl.: *Lönne* 1986: 253; *Wahl* 1996b: 10.
168 *Neumann* 1995: 613.
169 *Neumann* 1995: 613.

Damit zurück zur nationalen Parteiengenese. In der Zwischenkriegsphase verliefen die politischen Divergenzen hauptsächlich entlang der Trennungslinie zwischen den bürgerlichen und den sozialistischen Parteien.[170] Die Bürgerlichen waren mit der bestehenden Gesellschaftsordnung prinzipiell zufrieden, da diese für sie das „Instrument zur Verteidigung der bestehenden gesellschaftlichen Verhältnisse"[171] war. Derartige Parteien suchten die ökonomische und gesellschaftliche Position ihrer Klientel zu stärken. Die Sozialisten hingegen vertraten eine grundsätzlich andere ordnungspolitische Konzeption. Sie sahen die Arbeiterschaft im „bürgerlich-kapitalistischen System prinzipiell benachteiligt"[172] und bezogen ihre Legitimation aus der Interessenvertretung dieser wachsenden Bevölkerungsgruppe. Die Republik konnte für sie daher nur ein Instrument zur grundsätzlichen Veränderung der bestehenden gesellschaftlichen Ordnung sein.

Diese Auseinandersetzung prägte die Zeit zwischen den beiden Weltkriegen, in der sich die Bürger über die Parteien zwar in die Herrschaftsausübung einbringen konnten, der Rahmen für die politische Auseinandersetzung jedoch in mehreren Ländern fortlaufend zur Disposition stand. In der zweiten Entwicklungsstufe leiteten die Parteien in Europa also ihre Legitimation „aus der Organisierung eines angebaren Interesses bestimmter gesellschaftlicher Gruppen oder Klassen"[173] ab. Zu dieser Zeit bereits öffneten sich die ab 1945 in Westeuropa verstärkt beachteten amerikanischen Parteien[174] hingegen schon einer möglichst breiten Wählerschaft.[175]

Die Regierungsübernahme durch Faschisten in Italien, Portugal, Deutschland und Spanien ab 1925 offenbarte die Labilität der jüngeren europäischen Parteiensysteme, während die älteren Demokratien des Vereinigten Königreichs und Frankreichs in ihrer Existenz nicht durch innenpolitische Gegner gefährdet waren. In Mittel- und Osteuropa konnte sich eine demokratisch-parlamentarische Regierungsform nur in der Tschechoslowakei halten, wo auch sie jedoch mit dem deutschen Einmarsch am 15. März 1939 unterging. Das gleiche Schicksal teilten die Benelux-Länder, Norwegen und die Republik Frankreich im Frühsommer 1940. Daraufhin existierte außer in Finnland, der Schweiz und Schweden kein kontinentaleuropäischer Staat mehr mit demokratisch legitimierter Herrschaftsausübung.

---

170 Wobei sich die politische Aktivität des Bürgertums zunächst auf die Parlamente beschränkte: Während die SPD als „Massenpartei (1907 bereits 530.000 Mitglieder) mit hauptberuflichen Funktionären eine breitangelegte und hierarchisch gegliederte Parteiorganisation aufbaute, blieben die ‚bürgerlichen' Parteien bis weit ins 20. Jh. hinein Honoratiorenparteien". *Neumann* 1995: 612.

171 *Krippendorff* 1962: 66.

172 *Krippendorff* 1962: 66.

173 *Krippendorff* 1962: 67.

174 Vgl.: *Haungs* 1980: 68.

175 In Deutschland gelang es in der Zwischenkriegszeit nur der NSDAP, über Klassen, Schichten und Konfessionen hinweg Wähler zu gewinnen, was Peter Haungs dazu veranlasste, sie als „Deutschlands erste Volkspartei" zu bezeichnen. Vgl.: *Niclauß* 2002: 31.

2.4 Verfassungsmäßige Inkorporation von Parteien

Dem Ende des Zweiten Weltkrieges folgten die Sowjetherrschaft im Osten Europas und die Wiedererrichtung von demokratischen Regierungssystemen in seiner westlichen Hälfte. Dort wurden die verfassungsgebenden Versammlungen von Vertretern wieder- oder neugegründeter Parteien dominiert. Sie verankerten in nahezu allen seitdem in Kraft getretenen Staatsordnungen *expressis verbis* politische Parteien. (3.1) Nach Triepel begann damals die „Ära der verfassungsmäßigen Inkorporation"[176] der Parteien bzw. – nach dem angelsächsischen Terminus – diejenige des "party government"[177].

Durch die damit einhergehende Verlagerung von Willensbildungsprozessen in die Parteien wurde „[d]ie Frage nach der innerparteilichen Demokratie [...] gleichgesetzt mit der Frage nach der politischen Willensbildung"[178]. Mit dem Postulat, dass „es für freiheitliche Parteien genau wie für freiheitliche Staaten keine andere als eine repräsentative Struktur geben kann"[179], wird diese Organisationsform politischer Parteien durch eine „zugangsoffene, verantwortliche, durch Wahlen legitimierte, pluralistische innerparteiliche Elitenherrschaft"[180] realisiert. Das Legitimationsproblem wird dadurch gelöst, dass „[i]n dieser sich ständig wiederholenden, ständig neu zu vollziehenden Legitimation der Parteioberen von unten her [die] freiwillige Anerkennung ihrer Führerstellung wie ihrer konkreten Führung"[181] ebenso entscheidend ist wie zuvor (1.1) die Freiwilligkeit der Anerkennung von Herrschaft im Staat als existenziell festgehalten wurde. Die ursprünglich von Robert Michels These eines unauflöslichen Gegensatzes zwischen (Partei-)Organisation und Demokratie angestoßene Debatte erzeugte dabei vor allem in der Bundesrepublik Deutschland eine anhaltende Forschungskonjunktur.[182]

Diesbezügliche Literatur wird allerdings sehr unterschiedlich zusammengefasst: Während Michael Greven der Ansicht war, der empirische Teil von Michels Werk werde „durch nahezu alle Untersuchungen innerparteilicher Demokratie [...] in fast allen Details bestätigt"[183], konstatierte Suzanne Schüttemeyer, dass eine Bestandsaufnahme Michels Befund der „Verselbständigung der Parteiführung gegenüber den Parteimitgliedern modifizieren"[184] muss und Kurt Sontheimer kam zu dem Schluss,

---

176 *Triepel* 1927: 8.
177 *Bendel* 1998: 458; vgl. auch: *Brinkmann* 2000: 455, 460.
178 *Hättich* 1970: 45; vgl. auch: *Jäger* 1973: 125.
179 *Hennis* 1973: 23.
180 *Niedermayer* 1993: 231.
181 *Von der Heydte/Sacherl* 1955: 150 (Autor des Absatzes: von der Heydte).
182 Vgl.: *Wiesendahl* 2013: 13 ff; zur Diskussion innerparteilicher Demokratie vgl.: *Abendroth* 1964: 307 ff.
183 *Greven* 1977: 260.
184 *Schüttemeyer* 1987: 243.

dass sich „das Gespenst der Parteienoligarchie [...] eher als ein Produkt ideologisch besorgter Wandmaler denn als ein Konterfei der Wirklichkeit"[185] erwiesen habe. Diese widersprüchlichen Ergebnisse über die Verwirklichung innerparteilicher Demokratie resultieren aus den unterschiedlichen Beurteilungsmaßstäben der ihnen zugrunde liegenden demokratietheoretischen Modelle. Ohne auf sie näher einzugehen, sollen aus der politikwissenschaftlichen Debatte der Nachkriegszeit zwei Aspekte herausgegriffen werden, die Fragen der demokratischen Willensbildung durch politische Parteien thematisieren: Die Argumente für ein imperatives *versus* freies Mandat sind ebenso unter Legitimationsaspekten zu rekapitulieren wie die Fähigkeit von Volksparteien zur Repräsentation des Volkswillens.

Die Diskussion um die Freiheit des Mandats dominierte in den Fünfziger- und Sechzigerjahren der Verfassungsrichter Gerhard Leibholz. Er vertrat die These, dass der Abgeordnete zu eigenen, von der Partei abweichenden Positionen nicht legitimiert sei. Stattdessen billigte er den Parteien das Recht zu, ihre Homogenität durch Fraktionszwang und imperatives Mandat zu sichern, weil sie vom Volk gewählt und damit legitimiert worden seien, dieses zu repräsentieren. Der Gemeinwille komme folglich durch „Bildung des Parteimehrheitswillens"[186] zustande. An dieser Position wurde (unter anderem) kritisiert, dass man in einer repräsentativen Demokratie nicht „alle politischen Entscheidungen des politischen Systems auf verbindliche Weise zuerst innerhalb der Parteiorganisation vorentscheiden"[187] kann. In diesem Sinne hat sich in den 1970er Jahren die Ansicht durchgesetzt, dass Parteien intern nicht ausreichend repräsentativ sind, als dass sie „ihren" Abgeordneten einen Willen diktieren könnten. Basisorientierte Elitenkontrollinstrumente wie insbesondere das imperative Mandat werden daher heute als „mit dem parlamentarischen System nicht vereinbar"[188] nahezu einhellig abgelehnt. Lediglich „eine von nennenswerten Beschränkungen freie Handlungs- und Entscheidungskompetenz der aus den Parteien hervorgegangenen verantwortlichen und responsiven Eliten"[189] entspricht den Erfordernissen einer entscheidungsfähigen Demokratie.

Wenngleich der – zuvor (1.3) als Bedingung für legitimiertes Regieren gekennzeichnete – Grundwert der Freiheit mittlerweile auch für die Mandatsträger allgemein anerkannt ist, resultieren hieraus Implikationen für die Parteien: Je schwächer die Bindung von Parteirepräsentanten an den Willen der Mitglieder konzipiert wird, d. h. je größer die ihnen eingeräumte Handlungsfreiheit ist, desto weiter erhöht sich innerhalb der Parteien der Stellenwert der Personalrekrutierung zulasten der Politikformu-

---

185 *Sontheimer* 1967: 85.
186 *Leibholz* 1958: 97; vgl. auch: *Hartmann* 1979: 9; *Haungs* 1980: 12 ff.; *Peter/Sprafke* 1981: 75; *Wiesendahl* 1980: 130 f.
187 *Hättich* 1969: 34; vgl. auch: *Hättich* 1970: 55.
188 *Kaltefleiter* 1984: 39; vgl. auch: *Jäger* 1973: 125, 127 ff.; *Kaltefleiter/Veen* 1974: 264 ff.; *Kevenhörster* 1975: 86; *Seifert* 1975: 339.
189 *Niedermayer* 1993: 232.

lierung.[190] Wie später zu zeigen sein wird, partizipieren zwar die (nahezu vollständig gleichberechtigten) Parteimitglieder in allen Staaten der Europäischen Union (unmittelbar oder über Delegiertensysteme auf Parteitagen als den obersten Organen) an innerparteilichen Entscheidungen. (3.3) Noch weniger als die Parlamente sind jedoch „Parteitage als Parteiparlamente"[191] ein geeignetes Instrument zur Beaufsichtigung der Regierenden; ihre Charakterisierung als „Heerschauen"[192] ist keine reine Polemik. Dennoch findet über die Vorstandswahlen – die als vornehmliche Aufgabe von Parteitagen kaum umstritten sind[193] – auch eine programmatische Kontrolle über die Programmformulierung hinaus statt: Da dieselben Mitglieder bzw. Delegierten sowohl die inhaltlichen Beschlüsse fassen als auch über das Führungspersonal bestimmen, sind sie durch die Erwartungshaltung gegenüber den Repräsentanten, die auf höchster Ebene beschlossene Politik nach außen zu vertreten und umzusetzen, indirekt an den programmatischen Entscheidungsprozessen beteiligt.[194]

Welche politischen Entscheidungen wie getroffen werden, hängt also maßgeblich vom Mitgliederkreis der jeweiligen Partei ab; wobei dies nicht bedeutet, dass alle politischen Parteien lediglich die Interessen ihrer Mitglieder vertreten. Vielmehr stellte Otto Kirchheimer[195] bereits 1965 fest, dass im Westeuropa der Nachkriegszeit eine deutliche Veränderung der Parteienlandschaft stattfand:[196] Die klassische Interessenbzw. Repräsentationspartei verlor gegenüber der Integrationspartei dadurch an Bedeutung, dass Parteien ihre Klientel nicht länger einzugliedern suchten, sondern mit ihren Tätigkeiten weite Teile der Bevölkerung anzusprechen strebten.[197] Mit den Worten Michels folgten sie also dem „Schrei nach der Zahl als politischer Machtfaktor"[198]. Diese neue Erscheinungsform bezeichnete Kirchheimer als „Allerweltspar-

---

190 Vgl.: *Niedermayer* 1993: 233; *Kaltefleiter/Veen* 1974: 252f.

191 *Neumann* 1995: 616.

192 *Schuster* 1957: 57.

193 Vgl.: *Neumann* 1995: 616.

194 Die Personalrekrutierung gewinnt gegenüber der Programmformulierung zudem dadurch an Bedeutung, dass sich bei Weitem nicht alle Parteimitglieder an der Politikgestaltung beteiligen (2.2) und diese ohnehin nur einen Bruchteil der Bevölkerung ausmachen. Oskar Niedermayer schätzte den (nicht nur sporadisch) aktiven Teil der Parteimitglieder in Deutschland 1993 auf ein Fünftel bis ein Viertel; auch große Parteien spiegeln daher nur sehr bedingt die Bevölkerung wider. Vgl.: *Niedermayer* 1993: 236.

195 Vgl.: *Kirchheimer* 1965: 27 ff.; *Smith* 1982: 63. Vgl. zur Entwicklung des Begriffs in der Bundesrepublik Deutschland und dem dortigen Einfluss des „doppelten ideologischen Traumas" nach dem Nationalsozialismus und durch die DDR: *Smith* 1982: 63, 67 ff.

196 Mit dieser Klassifizierung übertrug er die seinerzeit vertretene These von der zunehmenden Entideologisierung oder der „nivellierten Mittelstandsgesellschaft" auf die Parteienforschung. Vgl.: *Stork* 2001: 135.

197 Zudem war in den „postindustriellen" Gesellschaften der EU-Mitgliedstaaten durch den wachsenden Dienstleistungssektor eine zunehmend größere Schicht gut situierter Berufstätiger entstanden, wodurch das Aussterben der klassischen Interessenparteien bedingt war. Vgl.: *Haungs* 1980: 68.

198 *Michels* 1957: 20.

tei", sie wird in der Politikwissenschaft als „Volkspartei" bzw. "catch-all-party" gekennzeichnet.[199] Auch wenn der Strukturwandel zur Professionalisierung politischer Parteien nahezu einhellig festgestellt wird und Nachfolgetypen in der Diskussion sind, „werden keine erneuten gesellschaftlichen Umbruchverhältnisse angeführt, die das Verschwinden der Volksparteien nach deren Hochzeit hätten bewirken können"[200]. Aufgrund „höherer Legitimität wird eine große Mitgliederzahl nach wie vor angestrebt"[201]. Um den "catch-all"-Anspruch einzulösen, machen sich Parteien dieses Typus unverändert nicht nur ihre eigenen Anliegen, sondern diejenigen möglichst weiter Teile der (Wahl-)Bürger zu eigen[202] und berücksichtigen auch Minderheiteninteressen.[203]

Dieser Eigennutz sichert dem Staat in der Regierungsform der Parteiendemokratie die Legitimationsgrundlage dadurch, dass die Volksparteien bemüht sind, eine möglichst breite Akzeptanz ihrer Politik zu erreichen. Aus diesem Grunde ist die Herausbildung von "catch-all-parties" unter Legitimationsaspekten positiv zu bewerten – unter zwei Voraussetzungen: Da der gesellschaftliche Interessenausgleich aus dem parlamentarischen Bereich in die großen Volksparteien verlagert wurde,[204] muss erstens an ihre innerparteiliche Demokratie ein höherer Anspruch als bei kleineren Interessenparteien (die mit ihren Konkurrenten auf parlamentarische Übereinkommen abzielen) formuliert werden. Zweitens ergänzte Peter Haungs die Definition Kirchheimers dahingehend, dass er den Begriff der Volkspartei an das demokratische Prinzip der Parteienkonkurrenz band.[205] Für eine möglichst hohe Legitimationswirkung des Wahlaktes bedeutet dies die gleichberechtigte Auseinandersetzung unter den um Wählerstimmen konkurrierenden Parteien (z. B. über Medienpräsenz).

Die verfassungsmäßige Inkorporation von Parteien tut der Legitimation der repräsentativen Demokratie folglich unter den benannten Prämissen keinen Abbruch. Auch wenn die Parteien bzw. die von ihnen gestellten Abgeordneten die politischen Entscheidungen treffen, ist den Bürgern in allen 28 Mitgliedstaaten der Europäischen Union die endgültige Auswahl über die von ihnen nominierten Kandidaten vorbehalten. Auf welche Art und Weise dies durch die wahlrechtlichen Vorschriften in den

---

199 Vgl.: *Niclauß* 2002: 29; *Wiesendahl* 1980: 121 f. Vor Kirchheimer war der Begriff „Volkspartei" negativ konnotiert, weil er streng genommen einen Absolutheitsanspruch impliziert. Vgl. hierzu: *Krippendorff* 1962: 66 f.

200 *Wiesendahl* 2006: 61. Vgl. auch: *Greven* 2010: 233 f.

201 *Jun* 2006: 132.

202 Vgl.: *Krippendorff* 1962: 66.

203 „Kein neuzeitliches politisches System kann oder will darauf basieren, eine bestimmte Bevölkerungsklasse bewußt und permanent zu benachteiligen oder gar zu unterdrücken. [... E]benso muß sich jede liberal-demokratische Partei zum Sprecher einer politischen Ordnung machen, in der jedes Gruppeninteresse Gerechtigkeit erfährt und befriedigt wird." *Krippendorff* 1962: 66.

204 Vgl.: *Isensee* 1992: 143 f. (§ 162 Rn 70); *Leibholz* 1960: 103; *Morlok* 2008: 15; *Oberreuter* 1992: 166 f.; *Tsatsos* 1994: 400 ff.

205 Vgl.: *Niclauß* 2002: 28 f.

einzelnen Ländern geregelt ist und welche Implikationen sich daraus für die politischen Parteien ergeben, ist nun darzustellen.

2.5 Wahlrechtliche Vorschriften

Durch die verfassungsmäßige Inkorporation der Parteien und die damit einhergegangene Verlagerung der politischen Willensbildung in diese kann ihre Legitimationsvermittlung nicht isoliert betrachtet werden. Politische Parteien sind vielmehr nur von dem Gesamtsystem her zu begreifen, innerhalb dessen sie entscheidende Funktionen erfüllen.[206] Als wichtigste von ihnen ist soeben die Personalrekrutierung festgehalten worden. Dabei reduzieren die politischen Parteien durch die Nominierung von Kandidaten für öffentliche Mandate (in Wahlkreisen oder auf Listen) die Wahlmöglichkeiten der Bürger auf eine überschaubare Anzahl.[207] Weil Wahlen „den geringsten Aufwand für die Bürger [erfordern, können] sie am ehesten die politische Ungleichheit unter den Bürgern niedrig halten"[208]. Sie dienen in der Politik der

> „Bildung von entscheidungsbefugten Gremien und herrschaftsausübenden Organen, zur Bestellung oder Abwahl von Inhabern öffentlicher Ämter durch die im jeweiligen Wahlsystem näher bezeichneten Stimmberechtigten. Wahlen sind formalisiert zur Bestellung und Legitimierung von Organen und Vertretungskörperschaften"[209].

Diese Merkmale sind in allen EU-Mitgliedstaaten durch die jeweiligen Wahlsysteme verankert. Sie gaben häufig den Impuls für Parteigründungen oder prägten zumindest deren Ausgestaltung. (2.1) Deshalb ist nun zuvorderst die Umsetzung der am Ende des ersten Kapitels (1.4) zusammengefassten *Wahlgrundsätze* der nationalen Parteiendemokratien der EU zu überprüfen. Es gilt also festzustellen, ob demokratisch legitimiertes Regieren in den Mitgliedsländern mittels wahlrechtlicher Vorschriften zur allgemeinen, gleichen, unmittelbaren, freien, geheimen und periodischen Partizipation aller Bürger gewährleistet wird. Dies ist uneingeschränkt der Fall: Diesbezügliche Bestimmungen sind den Verfassungsdokumenten aller Mitgliedstaaten gemein.[210]

---

206 Vgl.: *von Beyme* 1984: 25; *Hättich* 1970: 58 ff.; *Wiesendahl* 1980: 184 ff.; *Wiesendahl* 1998: 75 f.
207 Vgl.: *Epstein* 1967: 127. Er schrieb Parteien die Funktion zu, "to structure electoral competition".
208 *Nohlen* 1998: 712. Vgl.: zur Chancengleichheit: *Morlok* 2008: 17. „Besondere Aufmerksamkeit verlangen die Finanzen der Parteien", schreibt *Morlok* (2013: 258) zu ihrer Binnenorganisation: „Hier liegt es nach der internationalen Erfahrung nahe, eine Form staatlicher Teilfinanzierung zu etablieren, um die Chancengleichheit begüterter und weniger begüterter Kreise in der Politik jedenfalls annähernd herzustellen."
209 *Kral* 2001: 483; vgl. auch: *Lenz/Ruchlak* 2001: 230; *Nohlen* 1998: 711.
210 Vgl. Verfassungen: *Belgien* Art. 61 f.; *Bulgarien* Art. 10; *Dänemark* § 29 Abs. 1, § 31 Abs. 1; *Deutschland* Art. 38 Abs. 1; *Estland* § 60 Abs. 1; *Finnland* §§ 14, 25; *Frankreich* Art. 3; *Griechenland* Art. 51 Abs. 3; *Irland* Art. 16; *Italien* Art. 48; *Kroatien* Art. 45 Abs. 1, Art. 71; *Lettland* Art. 6; *Litauen* Art. 55

Zur Umsetzung der Wahlgrundsätze sind in den einzelnen Ländern unterschiedliche Verfahren gewählt worden, deren Komponenten zwischen lediglich formalen und legitimationsrelevanten zu differenzieren sind. Drei formale Aspekte seien zunächst (hauptsächlich der Vollständigkeit halber) erwähnt: das Wahlalter, die Dauer der Wahlperioden und der Wochentag der nationalen Parlamentswahlen.

Zu einer weitgehend einheitlichen Herabsetzung des aktiven Wahlalters[211] auf das vollendete 18. Lebensjahr (in Österreich seit 2007 sogar auf 16 und in Griechenland seit 2016 auf 17 Jahre, Zypern weiterhin 21 Jahre) hatte in den späten sechziger und frühen siebziger Jahren – nicht unumstritten[212] – die pro-juvenile Stimmung in Westeuropa geführt. Mit diesem Trend ging nicht immer die gleiche Begrenzung hinsichtlich des passiven Wahlalters[213] einher: Es beträgt in den meisten EU-Mitgliedstaaten 18 Jahre mit Ausnahme von Bulgarien, Estland, Lettland, Polen, der Slowakei und der Tschechischen Republik (21 Jahre), Rumänien (23 Jahre) sowie Griechenland, Italien, Litauen und Zypern (25 Jahre). Zwar stehen die unterschiedlichen Regelungen der Mitglied-

---

Abs. 1; *Luxemburg* Art. 51f.; *Malta* Art. 56 Abs. 1, 2, 10; *Niederlande* Art. 53f.; *Österreich* Art. 26; *Polen* Art. 96 Abs. 2; *Portugal* Art. 10 Abs. 1; *Rumänien* Art. 59 Abs. 1; *Schweden* Regeringsformen Kap. 3 §§ 1f.; *Slowakei* Art. 30 Abs. 3; *Slowenien* Art. 80 Abs. 2; *Spanien* Art. 23 Abs. 1, Art. 68; *Tschechische Republik* Art. 18 Abs. 1; *Ungarn* Art. 2 Abs. 2; *Zypern* Art. 62 Abs. 2; sowie *Vereinigtes Königreich* Representation of the People Act 1948.

211 Vgl. Verfassungen: *Belgien* Art. 61 Abs. 1; *Bulgarien* Art. 42 Abs. 1; *Dänemark* § 29 Abs. 2 (i.V.m. Volksabstimmung vom 19.09.1978); *Deutschland* Art. 38 Abs. 2; *Estland* § 57 Abs. 1; *Finnland* § 14 Abs. 1; *Frankreich* Art. 3 Abs. 3 (i.V.m. Gesetz Nr. 74–631 vom 05.07.1974 über die Festsetzung der Volljährigkeit auf 18 Jahre); *Griechenland* Art. 51 Abs. 3 i.V.m. Wahlgesetz Art. 1; *Irland* Art. 16 Abs. 3, 4 i.V.m. Abs. 1; *Italien* Art. 48 Abs. 1 (i.V.m. Zivilgesetzbuch Art. 2 Abs. 1); *Kroatien* Art. 45 Abs. 1; *Lettland* Art. 8; *Litauen* Art. 34 Abs. 1; *Luxemburg* Art. 52 Abs. 3; *Malta* Art. 57 Abs. b; *Niederlande* Art. 54 Abs. 1; *Österreich* Art. 26 Abs. 1; *Polen* Art. 62 Abs. 1; *Portugal* Art. 49 Abs. 1; *Rumänien* Art. 36 Abs. 1; *Schweden* Regeringsformen Kap. 3 § 4 Abs. 1; *Slowakei* Art. 74 Abs. 3 (i.V.m. Gesetz zu den Nationalratswahlen Art. 2 Abs. 1); *Slowenien* Art. 43 Abs. 2; *Spanien* Art. 68 Abs. 5 i.V.m. Art. 12; *Tschechische Republik* Art. 18 Abs. 3; *Ungarn* Art. 2 Abs. 1 (i.V.m. Zivilgesetzbuch Art. 12 Abs. 2); *Zypern* Art. 63 Abs. 1 (die Volljährigkeit hingegen wird bereits mit 18 Jahren erreicht: *Zypern* Civil Registry Law Chapter I Abs. 4; i.V.m. Art. 31; hieraus wird häufig irrtümlich abgeleitet, dass dies auch das Wahlalter sei); sowie *Vereinigtes Königreich* Representation of the People Act 1948, Kapitel "Democracy within Parliament".

212 Vgl. kritisch zur Herabsetzung der Altersgrenze für die Wählbarkeit: *Bosch* 1973: 498.

213 Vgl. Verfassungen: *Belgien* Art. 64 Abs. 3; *Bulgarien* Art. 65 Abs. 1; *Dänemark* § 30 Abs. 1 i.V.m. § 29 Abs. 2; *Deutschland* Art. 38 Abs. 2 (i.V.m. BGB § 2); *Estland* § 60 Abs. 2; *Finnland* Art. 25 Abs. 1 i.V.m. Art. 14 Abs. 1; *Frankreich* Art. 25 Abs. 1 (i.V.m. Gesetz Nr. 1624 vom 21.04.2009); *Griechenland* Art. 55 Abs. 1; *Irland* Art. 16 Abs. 1; *Italien* Art. 56 Abs. 2; *Kroatien* Art. 72 Abs. 3 (i.V.m. Gesetz zu der Wahl der Abgeordneten des kroatischen Parlaments Art. 4 Abs. 2); *Lettland* Art. 9; *Litauen* Art. 34 Abs. 2 (i.V.m. Wahlgesetz für den Seimas Art. 2 Abs. 2); *Luxemburg* Art. 52 Abs. 3; *Malta* Art. 53 i.V.m. Art. 57 Abs. b; *Niederlande* Art. 56; *Österreich* Art. 26 Abs. 4; *Polen* Art. 99 Abs. 1; *Portugal* Art. 150 i.V.m. Art. 49 Abs. 1; *Rumänien* Art. 37 Abs. 2; *Schweden* Regeringsformen Kap. 3 § 4 Abs. 2 i.V.m. Abs. 1; *Slowakei* Art. 74 Abs. 2; *Slowenien* Art. 43 Abs. 2; *Spanien* Art. 68 Abs. 5 i.V.m. Art. 12; *Tschechische Republik* Art. 19 Abs. 1; *Ungarn* Art. 2 Abs. 1 (i.V.m. Zivilgesetzbuch Art. 12 Abs. 2); *Zypern* Art. 64 Abs. b; sowie *Vereinigtes Königreich* Family Law Reform Act 1969 Part. 1 Art. 1.

staaten in diesem Bereich einer „gleichen" Wahl zum Europäischen Parlament im Wege. Auf nationaler Ebene ist die Begrenzung der „allgemeinen" Wahl jedoch nicht nur zulässig,[214] sondern mindert auch durch heterogene Bestimmungen in verschiedenen Staaten nicht die Legitimationsvermittlung (siehe Tabelle 1).

Tabelle 1: Wahlalter, -periode und -tag der nationalen Parlamente in der EU

	Wahlalter (in Jahren)		Wahlperiode (Jahre)	Wahltag
	aktiv	passiv		
Belgien	18	18	5	Sonntag
Bulgarien	18	21	4	Sonntag
Dänemark	18	18	4	Donnerstag
Deutschland	18	18	4	Sonntag
Estland	18	21	4	Sonntag
Finnland	18	18	4	Sonntag
Frankreich	18	18	5	Sonntag
Griechenland	17	25	4	Sonntag
Irland	18	18	5	Freitag
Italien	18	25	5	Sonntag/Montag
Kroatien	18	18	4	Sonntag
Lettland	18	21	4	Samstag
Litauen	18	25	4	Sonntag
Luxemburg	18	18	5	Sonntag
Malta	18	18	5	Samstag
Niederlande	18	18	4	Mittwoch
Österreich	16	18	5	Sonntag
Polen	18	21	4	Sonntag
Portugal	18	18	4	Sonntag
Rumänien	18	23	4	Sonntag
Schweden	18	18	4	Sonntag
Slowakei	18	21	4	Samstag
Slowenien	18	18	4	Sonntag

---

214 Vgl.: *Stern* 1984: 304.

Tabelle 1: (fortgesetzt)

	Wahlalter (in Jahren)		Wahlperiode (Jahre)	Wahltag
	aktiv	passiv		
Spanien	18	18	4	Sonntag
Tschechische Republik	18	21	4	Freitag/Samstag
Ungarn	18	18	4	Sonntag
Vereinigtes Königreich	18	18	5	Donnerstag
Zypern	21	25	5	Sonntag

Quellen: nationale Verfassungen (s. Fußnoten im Text);
jüngste Wahltermine.[215]

Gleiches gilt für die Länge der *Wahlperioden*. Entscheidend für die Legitimation eines politischen Systems ist die kontinuierliche Partizipation der Bürger, d. h. die periodische Abhaltung von Wahlen. Deren Häufigkeit wird im Spannungsfeld zur Effizienz parlamentarischer Arbeit diskutiert, der engmaschigen Kontrolle steht die Einarbeitungszeit eines neugewählten Parlaments gegenüber. Waren früher auch längere Legislaturen üblich, hat sich die Debatte auf vier oder fünf Jahre reduziert. In 19 der untersuchten Länder gelten heute vier Jahre,[216] während sie für das Europäische Parlament ebenso wie seine nationalen Pendants in Belgien, Frankreich, Irland, Italien, Luxemburg, Malta, Österreich, dem Vereinigtes Königreich und Zypern fünf Jahre[217] betragen.

---

215 Die jeweils letzten Wahltermine der nationalen Parlamente (Stand: 25.09.2017) waren: Belgien: 25.05.2014; Bulgarien: 26.03.2017; Dänemark: 18.06.2015; Deutschland: 24.09.2017; Estland: 01.03. 2015; Finnland: 19.04.2015; Frankreich: 11./18.06.2017; Griechenland: 25.01.2015; Irland: 26.02.2016; Italien: 24./25.02.2013; Kroatien: 08.11.2015; Lettland: 04.10.2014; Litauen: 09./23.10.2016; Luxemburg: 20.10.2013; Malta: 09.03.2013; Niederlande: 15.03.2017; Österreich: 29.09.2013; Polen: 25.10.2015; Portugal: 04.10.2015; Rumänien: 11.12.2016; Schweden: 14.09.2014; Slowakei: 05.03.2016; Slowenien: 13.07.2014; Spanien: 20.12.2015; Tschechische Republik: 25./26.10.2013; Ungarn: 06.04.2014; Vereinigtes Königreich: 08.06.2017; Zypern: 22.05.2016.
216 Vgl. Verfassungen: *Bulgarien* Art. 64. Abs. 1; *Dänemark* § 32 Abs. 1; *Deutschland* Art. 39 Abs. 1; *Estland* § 60 Abs. 3; *Finnland* § 24 Abs. 1; *Griechenland* Art. 53 Abs. 1; *Kroatien* Art. 73 Abs. 1; *Lettland* Art. 10; *Litauen* Art. 55; *Niederlande* Art. 52 Abs. 1; *Polen* Art. 98 Abs. 1; *Portugal* Art. 171 Abs. 1 i.V.m. Art. 174 Abs. 1; *Rumänien* Art. 63 Abs. 1; *Schweden* Regeringsformen Kap. 3 § 3; *Slowakei* Art. 73 Abs. 1; *Slowenien* Art. 81 Abs. 1; *Spanien* Art. 68 Abs. 4; *Tschechische Republik* Art. 16 Abs. 1; *Ungarn* Art. 2 Abs. 3.
217 Vgl.: *EUV* Art. 14 Abs. 3 sowie die nationalen Verfassungen: *Belgien* Art. 65 Abs. 1; *Frankreich* Art. 25 (mit Verweis auf Organgesetz); *Irland* Art. 16 Abs. 5 ("The same Dáil Éireann shall not continue for a longer period than seven years from the date of its first meeting: a shorter period may be fixed by

Die Festlegung des *Wahltags* in den Niederlanden auf Mittwoch, in Dänemark und dem Vereinigten Königreich auf Donnerstag, in Irland auf Freitag, in der Tschechischen Republik auf Freitag und Samstag, in Lettland, Malta und der Slowakei auf Samstag sowie in den übrigen Staaten auf Sonntag (und zusätzlich Montag in Italien) ist für die legitimierende Wirkung des Urnengangs der Bürger bei nationalen Wahlen irrelevant. Hingegen ist die Ungleichzeitigkeit der Europawahlen aufgrund möglicher Beeinflussungen in später wählenden Staaten durch die bereits feststehenden Resultate anderer Staaten problematisch.

Die drei bisher erörterten Komponenten des Wahlrechts sind unabhängig von der Existenz politischer Parteien. Diese werden jedoch in allen EU-Mitgliedstaaten durch die nun zu untersuchenden verfassungsrechtlichen Bestimmungen für die Verteilung der abgegebenen Stimmen auf gewählte Repräsentanten impliziert.

Die Anzahl zu vergebener *Mandate* korreliert grundsätzlich mit der Bevölkerungsstärke, ohne jedoch Proportionalität zu erreichen. Dadurch repräsentieren Parlamentarier bevölkerungsärmerer EU-Mitgliedsländer tendenziell weniger Bürger als ihre Kollegen aus größeren Staaten: In den sieben kleinsten Mitgliedsländern mit weniger als drei Millionen Bürgern (Malta, Luxemburg, Zypern, Estland, Lettland, Slowenien, Litauen) kommen auf einen Abgeordneten lediglich 6.300 bis 22.900 Landsleute, während dies in den sechs größten (sowie den Niederlanden) zwischen 82.500 und 120.000 Einwohner sind.[218] Hauptsächlich ist dies auf den Wegfall administrativer Ebenen mit (kleineren) Regionalparlamenten in den genannten Staaten zurückzuführen. Die 28 nationalen Volksvertretungen weisen damit ein relativ homogenes Repräsentationsverhältnis auf, das sich auch im Europäischen Parlament widerspiegelt: Die zuvor genannten Länder entsenden nur sechs bis elf Mitglieder in das Europäische Parlament, während den „sechs Großen"– Polen, Spanien, Italien, dem Vereinigte Königreich, Frankreich und Deutschland – zwischen 51 und 96 Europaabgeordnete zukommen.

In welchem geographischen Rahmen Mandate vergeben werden, hat weitreichende Implikationen: Sobald weniger *Wahlkreise* als Mandate bestehen, impliziert ein Wahlsystem politische Parteien (siehe Tabelle 2). Dies gilt für alle EU-Mitgliedsländer mit Ausnahme von Frankreich und dem Vereinigten Königreich. Umgekehrt teilen die Niederlande und die Slowakei das gesamte Staatsgebiet in nur einen Wahlkreis ein und führen damit eine (reine) Verhältniswahl mit Parteilisten durch. Letzteres System ist in der Europäischen Union mit zahlreichen Modifikationen am weitesten verbreitet, wobei Einzelbewerber ohne Parteibindung in den meisten Ländern zwar Mandate gewinnen können, jedoch ganz überwiegend erfolglos bleiben.

---

law."); *Italien* Art. 60; *Luxemburg* Art. 56; *Malta* Art. 76 Abs. 2; *Österreich* Art. 27 Abs. 1; *Zypern* Art. 65 Abs. 1; sowie *Vereinigtes Königreich* Parliament Act 1911.

218 Berechnungen auf Basis der Zahlen von Eurostat: Internetseite (Stand: 01.01.2016).

Tabelle 2: Wahlverfahren der nationalen Parlamente in der EU

	Mandate	Wahlkreise	Klausel (%)	Wahlsystem	Mandatszuteilung
Belgien	150	20	5	Verhältniswahl	d'Hondt
Bulgarien	240	31	4	Kombiniert	Hare-Niemeyer
Dänemark	179	1+10	2	Verhältniswahl	d'Hondt
Deutschland	709	299+16	5	Personalisierte Verhältniswahl	Sainte-Laguë
Estland	101	11	5	Verhältniswahl	d'Hondt
Finnland	200	1+13	–	Verhältniswahl	d'Hondt
Frankreich	577	577	–	Mehrheitswahl in 2 Wahlgängen	1.: absolute, 2.: relative Mehrheit
Griechenland	300	1+57	3	Verhältniswahl	Hare-Niemeyer
Irland	158	41	–	Single Transfer	Hagenbach-Bischoff
Italien	630	100	3	Verhältniswahl in 2 Wahlgängen	Hare-Niemeyer mit Mehrheitsbonus
Kroatien	151	10	5	Verhältniswahl	d'Hondt
Lettland	100	5	5	Verhältniswahl	Sainte-Laguë
Litauen	141	71	5	Kombiniert	Hare-Niemeyer
Luxemburg	60	4	5	Verhältniswahl	Hagenbach-Bischoff
Malta	69	13	–	Single Transfer	Hagenbach-Bischoff
Niederlande	150	1	0,67	Verhältniswahl	d'Hondt
Österreich	183	9+39	4	Verhältniswahl	d'Hondt
Polen	460	41	5	Verhältniswahl	d'Hondt
Portugal	230	22	–	Verhältniswahl	d'Hondt
Rumänien	330	43	5	Verhältniswahl	d'Hondt
Schweden	349	1+29	4	Verhältniswahl	Sainte-Laguë
Slowakei	150	1	5	Verhältniswahl	Hagenbach-Bischoff
Slowenien	90	8	4	Verhältniswahl	d'Hondt
Spanien	350	50+2	3	Verhältniswahl	d'Hondt
Tschechische Republik	200	14	5	Verhältniswahl	d'Hondt

Tabelle 2: (fortgesetzt)

	Mandate	Wahlkreise	Klausel (%)	Wahlsystem	Mandatszuteilung
Ungarn	199	1+106	5	Personalisierte Verhältniswahl	d'Hondt
Vereinigtes Königreich	650	650	–	Mehrheitswahl	relative Mehrheit
Zypern	56	6	3,6	Verhältniswahl	Hare-Niemeyer

Quelle: Nohlen 2014: 129, 238 ff., 265; Internetseiten der nationalen Parlamente.

Nachdem der Wahlakt durch die Bürger erfolgt ist, werden nur in Finnland, Irland, Malta und Portugal alle Stimmen für die Mandatsverteilung berücksichtigt. Durch *Klauseln* sind andernorts Parteien grundsätzlich von der Mandatsverteilung ausgeschlossen, wenn sie nicht eine gewisse Anzahl an Stimmen auf sich vereinigen konnten (sofern sie nicht z. B. als nationale Minderheit explizit hiervon befreit sind). Diese Hürde beginnt in den Niederlanden bei 0,67 Prozent der gültigen Stimmen, liegt in Dänemark bei zwei Prozent und in Griechenland, Italien und Spanien jeweils bei drei, in Zypern bei 3,6 Prozent. Die Sperrklauseln Bulgariens, Österreichs, Schwedens und Sloweniens betragen vier Prozent und wiederum einen zusätzlichen Prozentpunkt in den übrigen zwölf EU-Mitgliedstaaten. (Aufgrund des Mehrheitswahlrechts sind Sperrklauseln in Frankreich und dem Vereinigten Königreich obsolet.)

Wie bereits angesprochen, ist der Wettbewerb unter politischen Parteien aufgrund des *Wahlsystems* in den allermeisten EU-Staaten impliziert: Für den Einzug in die französische Nationalversammlung bzw. das britische Unterhaus sind aufgrund der Mehrheitswahlen Parteimitgliedschaften nicht zwingend erforderlich. In den übrigen 26 Nationen werden infolge des dort angewandten Wahlrechts Angehörige politischer Parteien jedoch zumindest bevorzugt (sofern Mischsysteme bestehen) bzw. können (bei reiner Verhältniswahl) ausschließlich reüssieren.[219]

Die *Mandatsverteilung* erfolgt ebenfalls nach unterschiedlichen Systemen. Trotz deren vielfältiger Modifikationen in den einzelnen Nationalstaaten ist auf die grundsätzlich machtpolitische Bedeutung der Verfahren aufmerksam zu machen.[220] Die – in der EU häufigste – Divisormethode nach d'Hondt priviligiert (durch Abrundung)

---

219 „Entfremdend wirkt zusätzlich das Wahlsystem, das [es z. B.] in Deutschland den Parteien jedenfalls hinsichtlich der Hälfte der Mandate ermöglicht, weitgehend anonymisiert über Listen ihre Kandidaten in die Parlamente zu dirigieren. Ein genereller Mechanismus zur Gewährleistung eines Dialoges zwischen Repräsentanten und der Mehrheit der Bürger ist auch insoweit nicht installiert." *Grams* 1998: 112.
220 Vgl. zu den Verrechnungsverfahren: *Nohlen* 2014: 122 ff., 581 f. Die Entstehungsgeschichte der Verfahren beschreibt: *Farrell* 2011: 65 f.

größere Parteien.[221] Das Verfahren nach Sainte-Laguë ist systematisch mit d'Hondt vergleichbar, bewirkt jedoch (durch Standardrundung) eine annähernd proportionale Mandatsverteilung in Deutschland, Lettland und Schweden. Hagenbach-Bischoff entwickelte ebenfalls einen Algorithmus zu d'Hondt, nach dem in Irland, Luxemburg, Malta und der Slowakei die Mandatsverteilung in einem „Quasi-Quotenverfahren"[222] erfolgt. Grundsätzlich verhalten sich Quotenverfahren neutral hinsichtlich der Parteiengröße, es gibt jedoch unterschiedliche Methoden für die Zuweisung der Restmandate; sie werden in Bulgarien, Griechenland, Italien, Litauen und Zypern nach Hare-Niemeyer „auf die größten verbleibenden [Stimmen-]Reste verteilt"[223].

Das Instrument der *Wahlprüfung* kennen alle 28 Staaten. Dies geschieht in Belgien, Dänemark, Italien, Lettland, Luxemburg, den Niederlanden und Schweden durch die jeweiligen Parlamente selber und in der Slowakei durch den Nationalrat.[224] Währenddessen ist eine (verfassungs- bzw. ober)gerichtliche Prüfung von Entscheidungen der Wahlkommissionen in allen anderen EU-Ländern zulässig.[225] Beide Möglichkeiten bestehen nur in Deutschland und Slowenien.[226]

Alles in allem sind die zuvor identifizierten Anforderungen für demokratisch legitimiertes Regieren seitens der wahlrechtlichen Vorschriften in den Staaten, die der Europäischen Union im Jahr 2017 angehören, erfüllt. Sie lassen bereits aus den Wahlrechtskonstruktionen das gemeinsame Fundament erkennen: Während das aktive Wahlalter nahezu einheitlich auf 18 Jahre festgelegt ist, variieren die Bestimmungen für das Alter von Kandidaten. Die Stimmenabgabe erfolgt in höchst unterschiedlich zugeschnittenen Wahlkreisen und bei einigen Parlamentswahlen in zwei Wahlgängen. Zahlreiche Unterschiede weisen zudem die Klauseln zur Nicht-Berücksichtigung von Stimmen kleinerer Parteien sowie die Systeme der Mandatsverteilung auf.

Für den Fortgang dieser Studie ist darüber hinaus noch mal hervorzuheben, dass die wahlrechtlichen Vorschriften von 26 Mitgliedsländern politische Parteien implizieren. Dieser Zustand der Parteiendemokratien ist (nach der verfassungsmäßigen Inkorporation bzw. Implikation) nur konsequent und zunächst wertfrei festzustellen.

---

221 Vgl.: *Nohlen* 2014: 581f.

222 *Pareigis* 2006: 2; vgl. auch: *Grofman/Lijphart* 2002: 181; *Ismayr* 2003: 37f.

223 *Pareigis* 2006: 3; vgl. auch: *Nohlen* 2014: 582.

224 Vgl. Verfassungen: *Belgien* Art. 48; *Dänemark* § 33; *Italien* Art. 66; *Lettland* Art. 18; *Luxemburg* Art. 57 Abs. 1; *Niederlande* Art. 58; *Schweden* Regeringsformens § 12 Abs. 1; *Slowakei* Art. 76.

225 Vgl.: *Bulgarien* Verf. Art. 66; *Estland* Verf. Art. 15; *Finnland* Wahlgesetz Art. 102; *Frankreich* Verf. Art. 59; *Griechenland* Verf. Art. 58; *Irland* Wahlgesetz Art. 21; *Kroatien* Verf. Art. 125; *Litauen* Verf. Art. 105; *Malta* Verf. Art. 63; *Österreich* B-VG Art. 141 Abs. 1; *Polen* Verf. Art. 101 Abs. 1; *Portugal* Verf. 223 Abs. 1h; *Spanien* Verf. Art. 70 Abs. 2; *Tschechische Republik* Verf. Art. 20; *Ungarn* Wahlgesetz Art. 241 Abs. 3; *Vereinigtes Königreich* Representation of the People Act 1983 Art. 157; *Zypern* Verf. Art. 85; zu Rumänien vgl. *OSCE* 2013: 9. Die OSZE moniert jedoch "the election law does not sufficiently govern the complaints and appeals process" (a.a.O.: 5) und appelliert an den rumänischen Gesetzgeber, er solle "clearly specify the time permitted for review of complaints and appeals." (a.a.O.: 17).

226 Vgl.: *Deutschland* GG Art. 41 Abs. 1, 2; *Slowenien* Verf. Art. 82 Abs. 2.

Folglich findet der Interessenausgleich in den parlamentarischen Demokratien der EU-Mitgliedstaaten im Wesentlichen nicht im Parlament, sondern in den politischen Parteien statt. Wie bereits festgehalten, ist deshalb ein hoher Maßstab an die innerparteiliche Demokratie anzulegen, deren Funktionen und Determinanten nun zu benennen sind.

2.6 Parteifunktionen und Organisationsmerkmale

Die Mitgliedstaaten der Europäischen Union haben ihre Wahlverfahren ganz überwiegend auf den Wettbewerb unter politischen Parteien ausgerichtet. Für die Partizipation der Bürger an der Herrschaftsausübung und somit für demokratisch legitimiertes Regieren bedeutet dies, dass die Parteien eine maßgebliche Funktion hinsichtlich der Willensvermittlung zwischen dem Souverän und dem Staat zu erfüllen haben.[227]

Diese grundsätzliche Parteifunktion umfasst verschiedene Aspekte, die stets durch das Spannungsverhältnis der Parteien von Teil und Ganzem bestimmt sind.[228] Nach Jean Charlot handeln sie in den Feldern folgender fünf Gegensätze: Realisierung von Eigen- und Gefolgschaftsinteressen versus Rekrutierung des politischen Personals, Mobilisierung versus Sozialisation, Interessenartikulation versus Interessenaggregation bzw. -integration, Programmformulierung und -realisierung versus systemfunktionale Problemlösung, Interessenrepräsentation versus Stimmenmaximierung.[229] So zielen Parteien einerseits „darauf, Anhänger wie Wähler für die eigene Programmatik zu mobilisieren. Andererseits sind sie wichtige Sozialisationsagenten, bestimmen sie politische Einstellungen und Verhaltensmuster mit, integrieren sie Mitglieder und Bürger in das bestehende politische System."[230] Dazu bilden politische Parteien „die Rekrutierungsbasis für das politische Personal: ihnen fällt dabei v. a. die Regierungs- und Oppositionsbildungsfunktion zu. Zu ihren Aufgaben gehören aber auch, ihre Führer und Mitglieder zu alimentieren und für individuelle Gratifikationen zu sorgen."[231]

---

227 Vgl.: *Stentzel* 2002: 117. Vgl. zur Funktionsdebatte der Parteiensoziologie: *von Alemann* 2010: 213 ff.
228 Vgl.: *Schultze* 1998: 456.
Nach *Martin Morlok* besteht trotz der „Persistenz des Gegensatzes von Parteiinteressen und Gemeinwohl" (2008: 15) „kein kategorischer Gegensatz zwischen Parteien und Gemeinwohl! Es ist vielmehr umgekehrt so, dass der Gemeinwohlprozess auf die organisierte Einspeisung der verschiedensten Interessen und Überzeugungen angewiesen ist" (2008: 13).
229 Vgl.: *Charlot* 1989: 353 ff.; *Schultze* 2002: 351 f.
230 *Schultze* 1998: 457.
231 *Schultze* 1998: 457; vgl. auch: *Lenz/Ruchlak* 2001: 164.

Aus diesen vielfältigen Funktionen resultiert jene Aufgabe, mit der sich die Parteienforschung *ab ovo* beschäftigt, ohne dass „es dieser trotz vielfältigster Anstrengungen geglückt wäre, hierauf eine vollends zufriedenstellende Antwort zu finden:"[232] Gefragt wird nach der Funktionsweise und Organisationswirklichkeit der politischen Parteien. Die Problematik diesbezüglicher Untersuchungen erklärt Wiesendahl damit, dass Parteien „umso vielschichtiger, unbestimmter und diffuser"[233] erscheinen, je genauer man sie unter die Lupe nimmt. Die praktische Parteienforschung arbeitet dabei im Wesentlichen mit zwei Verfahren: Während sich formale Theorien[234] mit Modellen beschäftigen, sollen in dieser Arbeit aufgrund induktiver (Legitimations-) Theorien und der deduktiv-normativen Grundlage (der nationalen Parteiensysteme in der EU) Typenbildungen Anwendung finden.[235]

Vor dem Hintergrund der bisherigen Erkenntnisse aus der Legitimations- und Parteientheorie ist die Untersuchung der nationalen Parteien daher im nächsten Kapitel (3) mit den beiden eingangs identifizierten Legitimationsvoraussetzungen zu beginnen: Als erster maßgeblicher Aspekt wurde die *normative Grundlage* jeder Herrschaftsausübung festgehalten. (1.2) Hinsichtlich der Parteien ist somit den Fragen nachzugehen, ob und auf welchem Niveau (verfassungs- oder einfachrechtlich) ihnen in den nationalstaatlichen Rechtssystemen eine Rolle im jeweiligen Staat zugeschrieben ist.[236] Hieraus sind für die weitere Funktionsanalyse Rückschlüsse zu ziehen, inwieweit spezifische Parteifunktionen normativ determiniert und damit bestimmte „Prämissen für die demokratische Willensbildung betont oder vernachlässigt"[237] werden. „Erstaunlich stabil werden [in der Politikwissenschaft weiterhin] die Funktionen eingeschätzt, die von den Parteien in sich wandelnder Form und wechselnden Kontextbedingungen [...] konstant erfüllt"[238] werden sollen.

Vor diesem Hintergrund muss der Katalog der zu untersuchenden Funktionsdeterminanten politischer Parteien die wesentlichen Aspekte der Willensbildung umfassen, darf jedoch nicht so umfangreich sein, dass er für den Vergleich der 28

---

232 *Wiesendahl* 1998: 11.
233 *Wiesendahl* 1998: 242.
234 Z. B. die Theorie der elitären Demokratie oder die Koalitionstheorie.
235 Vgl.: *von Beyme* 1995b: 391ff.
236 Vgl. zum legitimierenden Charakter einer Rechtsnorm: *Leibholz* 1960: 148f. Auf eine methodische Besonderheit sei an dieser Stelle hingewiesen: Alle Untersuchungsländer stehen auf einer formal verfassungsrechtlichen Grundlage – mit Ausnahme des Vereinigten Königreichs, das keine geschriebene Verfassung kennt. Fasst man den Verfassungsbegriff hingegen weiter und nimmt ein System fundamentaler Prinzipien und Regeln für politisch-autoritative Entscheidungen und Werturteile als solche an, so kann man sehr wohl von einer britischen „Verfassung" sprechen. Vgl.: *Doeker/Wirth* 1982: 63ff. Für die vorliegende Untersuchung werden, wie allgemein üblich, diese „Verfassungsdokumente" des Königreichs für den Vergleich mit den Verfassungen der anderen EU-Mitgliedstaaten herangezogen.
237 *Stentzel* 2002: 117.
238 *Greven* 2010: 234.

nationalen Parteiensysteme keine analytische Praktikabilität mehr besitzt. Daher wird dem zweiten Aspekt der benannten Voraussetzungen zur Legitimationsvermittlung – der Partizipation aller Entscheidungsbetroffenen an der Entscheidungsbildung (1.2) – nachgegangen, indem zwei Grundlagen der Parteiorganisation näher betrachtet werden: Die Mitgliedschaftstypen und die innerparteiliche Organisation der Parteiensysteme sind daraufhin zu untersuchen, ob die Rückbindung der Entscheidungsträger an den Einzelwillen *input*-legitimiert ist.

Die Analyse der Funktionsweise und Organisationswirklichkeit der Parteiensysteme in den EU-Ländern behandelt also zunächst die *Mitgliedschaftstypen*. (1.3) Zur Umsetzung des (aus der Volkssouveränität abgeleiteten) Gleichheitsgrundsatzes (1.4) müssen alle Parteimitglieder generell über die gleichen Rechte verfügen. Dies gewährleistet nur die Individualmitgliedschaft, da die Vertreter von Kollektiven (auch ohne in bestimmte Positionen gewählt zu werden) einen größeren Einfluss als andere Mitglieder besitzen. Demokratietheoretisch sind kollektive Mitgliedschaften bei kleineren Klientelparteien (die ohnehin auf die Vertretung bestimmter Interessen abzielen) als weniger problematisch anzusehen als bei Volksparteien, die einen gesellschaftlichen Interessenausgleich gewährleisten sollten. (2.4) Daher werden in dem diesbezüglichen Abschnitt insbesondere die Massenparteien daraufhin zu analysieren sein, ob in ihnen einzelne Interessengruppen dominieren.

Darüber hinaus ist die Rückbindung der Entscheidungsträger an den Einzelwillen für die *innerparteiliche Organisation* aufgrund der Vermittlerrolle der politischen Parteien „ein unabdingbarer Faktor"[239] für die demokratische Legitimation der EU-Mitgliedstaaten insgesamt.[240] Dies resultiert insbesondere aus der Parteifunktion, die *Personalrekrutierung* (2.4) für Ämter und Mandate zu organisieren. Deshalb muss die Binnenorganisation der Parteien den gleichen demokratischen Maßstäben genügen wie das jeweilige Regierungssystem selber. Hier gilt es zu erfahren, welche normativen Vorschriften die nationalstaatlichen Rechtsordnungen für die interne Organisation der Parteien enthalten.

Die binnendemokratische Organisation von Parteien ist nicht nur hinsichtlich der Personalrekrutierung eine Voraussetzung für ihre Legitimationsvermittlung. Ebenso essenziell ist sie für die zweite Hauptfunktion politischer Parteien: die *Programmformulierung*. (2.4) Diesbezüglich ist zu untersuchen, ob die nationalen Rechtsordnungen in den 28 Ländern die Parteien damit beauftragen, an der *Willensbildung* des Volkes und seinem Transfer auf die staatliche Ebene mitzuwirken.

Politische Parteien verfolgen im Staat hauptsächlich personelle und programmatische Ziele. Diesbezügliche Entscheidungen werden von den Abgeordneten in der Regel mit der Mehrheit ihrer Stimmen entschieden. (3.5) Aus diesem Grund streben

---

239 *Tsatsos/Morlok* 1982: 187.
240 Dies gilt umso mehr, als die Binnenorganisation von Parteien „vielfach eine Vorwegnahme der Organisationsprinzipien [ist], nach denen die Parteien eine künftige Gesellschaft strukturieren" (*von Beyme* 1984: 199) wollen.

die Parteien bzw. ihre Fraktionen nach parlamentarischen Mehrheiten und bilden – wenn ihnen dies alleine nicht gelingt – Koalitionen. Daher sind alle parlamentarisch repräsentierten Parteien in zwei Gruppen zu unterscheiden: Regierungs- und Oppositionsparteien.

Nicht zuletzt aufgrund des Mehrheitsprinzips findet in parlamentarischen Demokratien ganz überwiegend die *Politikgestaltung durch Regierungsparteien* statt. Entsprechend der herausgestellten Obliegenheiten politischer Parteien (2.4) wird unter ihrer Regierungsfunktion die Fähigkeit verstanden, „ein Regierungsprogramm zu formulieren und dieses über die Bildung einer parlamentarischen Mehrheit und die Besetzung von Regierungsämtern in politische Entscheidungen umzusetzen"[241]. Dazu sind die Parteien befähigt, weil sie über „einen umfassenderen Einfluß im Zentrum der Macht als andere Gruppen und Organisationen"[242] verfügen. Ihre zentrale Funktion als „Rekrutierungsbasis für das politische Personal"[243] findet ihren Kulminationspunkt in der Wahl der Regierung durch die von den Parteien nominierten und vom Volk gewählten Abgeordneten. Folglich gilt es herauszufinden, wie die Regierungsbildung in den Untersuchungsländern normativ bestimmt ist und ob den Parteien dabei explizit eine Rolle oder besondere Aufgaben zugeschrieben werden.

Während die Funktionen der Personalrekrutierung (durch die Wahl der Regierung) und Programmformulierung (in der normativen Form der Gesetzgebung) in der Regel von den Regierungsparteien wahrgenommen werden, komplettiert die *Kontrolle durch Oppositionsparteien* die parlamentarischen Kernkompetenzen. (1.3) Da erst verbriefte Verfahren die Herrschaftsausübung permanent legitimieren, ist neben periodischen Wahlen auch die Kontrolle der Exekutiven während der Legislaturperioden vonnöten. Diese Funktion adressiert keineswegs ausschließlich, aber hauptsächlich „die Oppositionsparteien und verlangt von ihnen […, den] notwendigen Druck auf die Regierenden auszuüben, damit diese ihre Entscheidungen rechtfertigen, vermitteln und letztlich über die Wahlen sanktionsfähig machen"[244]. Daher ist den Fragen nachzugehen, über welche Sanktionsmöglichkeiten die Parlamentarier gegenüber der Exekutiven verfügen und ob den politischen Parteien unmittelbar oder über ihre Fraktionen diesbezügliche Funktionen normativ zugeschrieben worden sind.

Wie im bisherigen Untersuchungsverlauf gezeigt, basiert die mittelbare Legitimation der europäischen Nationalstaaten durch ihre Parteiendemokratien auf den erörterten geistesgeschichtlichen Grundlagen (1. Kapitel) und der Parteigenese (2). Hinsichtlich ihrer Umsetzung in den 28 Untersuchungsländern sollen die soeben

---

241 *Stentzel* 2002: 119. Vgl. zum Forschungsbereich der Regierungsfunktion politischer Parteien: *Niedermayer* 2013: 75.
242 *Von Beyme* 1984: 374.
243 *Schultze* 1998: 457; vgl. auch: *Leibholz* 1960: 248; *Neumann* 1995: 612; *Pfahlberg/Weixner* 1995: 177f.
244 *Stentzel* 2002: 120.

benannten Determinanten von Parteifunktionen im folgenden Kapitel (3) analysiert werden. Der Fokus ist dabei auf legitimierende Faktoren zu setzen, um später (4) das diesbezügliche Niveau der europäischen Nationalstaaten bestimmen zu können.

3 Die nationalen Parteiensysteme in der EU

Der (weitgehenden) Lösung des Legitimationsproblems durch die europäischen Parteiendemokratien liegt die mittelbare Übertragung des Bürgerwillens auf die staatliche Ebene durch politische Parteien zugrunde. Diese Grundfunktion wird an die soeben aufgezeigten Determinanten und Organisationsmerkmale geknüpft, die eine demokratische Legitimationsvermittlung durch Parteien bedingen. Dabei sind sowohl diejenigen Faktoren herauszuarbeiten, die das Legitimationsproblem im nationalen Rahmen weitgehend gelöst haben, als auch diesbezügliche Mängel und ihre Auswirkungen auf die Legitimation der nationalstaatlichen Regierungssysteme zu benennen. Auf diese Weise soll ergründet werden, welches Legitimationsniveau die nationalen Parteiensysteme erbringen.

Aufgrund der im vorstehenden Abschnitt erfolgten Herleitung der Untersuchungskategorien dieses Kapitels kann hier auf methodische Ausführungen weitgehend verzichtet werden. Zur Operationalisierung der benannten Funktion(sdeterminant)en ist lediglich anzumerken, dass sich zwei Vorgehensweisen anbieten: Man könnte die einzelnen Mitgliedstaaten hinsichtlich ihrer Parteiensysteme monographisch abhandeln.[245] In einer anschließenden Zusammenfassung wären nach dieser Methode aus den 28 Länderberichten Legitimationsfaktoren heraus zu destillieren. Dies würde eine breit angelegte Erforschung der nationalen Parteiensysteme ermöglichen.

(Selbst-)Zweck dieses Kapitels ist aber keine nationale Parteiensystemanalyse, sondern die Ergründung der Legitimationsvermittlung. Deshalb wird ein anderer Untersuchungsgang gewählt, welcher der zuvor (2.6) entwickelten Typologie von drei (Funktions-)Paaren (und zugleich dem klassischen Aufbau von Parteisatzungen)[246] folgt: Zunächst soll den normativen Grundlagen (3.1) und Mitgliedschaftstypen (3.2) als Fundament der nationalstaatlichen Parteiensysteme nachgegangen werden. Darauf aufbauend werden die beiden nachfolgenden Abschnitte der Umsetzung der Hauptfunktionen politischer Parteien gewidmet, nämlich der Personalrekrutierung (untersucht anhand der innerparteilichen Organisation, 3.3) und der Programmformulierung (durch die Willensbildung, 3.4). Schließlich wird der Politikgestaltung durch Parteien hinsichtlich ihrer Regierungs- (3.5) und Kontrollfunktionen (3.6) nachgegangen.

Die sechs Abschnitte untersuchen die nationalen Parteiensysteme prinzipiell gesamthaft, da eine einzelne politische Partei zwar ein mehr oder weniger selbstständiger Akteur im politischen Prozess ihres Landes ist. „[H]insichtlich der Eigentümlichkeiten sowohl ihrer Handlungen, ihrer Organisationsstrukturen als auch ihrer

---

245 Dieses Vorgehen wählte *Alan Siaroff* (2000) für seinen (überwiegend quantitativ-statistischen) Vergleich der Parteiensysteme aller europäischen Länder.
246 Vgl.: *Machos* 2002: 47.

https://doi.org/10.1515/9783110567144-004

(programmatischen) Zielvorstellungen [steht sie jedoch] mit allen anderen Parteien des gleichen politischen Systems in einem interdependenten Bezugsverhältnis"[247]. Nur bei diesbezüglichen legitimationsrelevanten Abweichungen finden einzelne Parteien Erwähnung. Mit dieser Konzeption wird nun die theoretische Ebene wieder verlassen und ihre Trennlinie zur Praxis abgebaut, indem die Legitimationsfaktoren der nationalen Parteiensysteme in der EU (überwiegend normativ) untersucht werden.

3.1 Normative Grundlagen

Dem europäischen Legitimationsbewusstsein liegt die Überzeugung zugrunde, dass jede Herrschaftsausübung auf Normen gründet, d.h. legitim sein muss. Rechtliche Bestimmungen haben für politische Parteien nach Martin Morlok zweierlei Bedeutung: sie definieren ihre Handlungen und setzen den Rahmen für ihr Binnenleben – „man könnte von einer beinahe konstitutiven Bedeutung rechtlicher Vorschriften für das Parteiwesen sprechen"[248]. Eine diesbezügliche Überprüfung aller maßgeblichen Parteien in den Mitgliedstaaten der Europäischen Union wäre hier jedoch nicht nur zu aufwendig, sondern für den soeben gewählten Untersuchungsgang auch nur bedingt zweckdienlich: Mit wenigen Ausnahmen für regionale Parteien basiert das Verhältnis aller Parteien eines Landes zu den dortigen Staatsorganen auf derselben Rechtsgrundlage (siehe Tabelle 3). Daher gilt es nun herauszufinden, ob und wo den nationalen Parteien – in den nachfolgenden Abschnitten eingehender zu untersuchende – Regeln hinsichtlich ihrer Funktionen im Staat und internen Organisationsformen vorgeschrieben sind.[249]

Tabelle 3: Normative Grundlagen der nationalen Parteien in der EU

	Verfassungen		Parteiengesetze (ggf. Novellen)	weitere Gesetze zu Parteien
	Inkrafttreten	Artikel/Paragrafen zu Parteien*		
Belgien	26.07.1831	77	–	
Bulgarien	13.07.1991	1, **11**, 12, 95, 99, 116, 147, 149	Държавен вестник (Staatsanzeiger) бр. 29/ 1990; Държавен вестник бр. 6/ 2009	

---

247 *Stammen* 1978: 58.
248 *Morlok* 2013b: 241.
249 Vgl. auch *Morlok* 2013a: 188 f.

Tabelle 3: (fortgesetzt)

	Verfassungen		Parteiengesetze (ggf. Novellen)	weitere Gesetze zu Parteien
	Inkrafttreten	Artikel/Paragra-fen zu Parteien*		
Dänemark	05.06.1849	–	–	
Deutschland	24.05.1949	**21**, 93	BGBl. 1967/44 I S. 773	
Estland	03.07.1992	30, 48, 84, 125	Riigi Teataja (Staatsanzeiger) RT I 1994, 40, 654	
Finnland	01.03.2000	25, 54	Säädöskokoelma (Gesetzessammlung) 10.01.1969/10	
Frankreich	04.10.1958	**4**	–	
Griechenland	11.06.1975	15, **29**, 37, 38, 54, 68, 73, 82, 113	–	Gesetz über staatliche Parteien-finanzierung: 3023/ 2002, Εφημερίδα της Κυβερνήσεως (Geset-zesblatt) A 146 20020625
Irland	29.12.1937	–	–	
Italien	01.01.1948	**49**, 98, Übergangs-bestimmungen	–	
Kroatien	22.12.1990	**6**, 85, 96, 104, 129	Narodne novine (Amtsblatt) PA4-61/1-93	
Lettland	07.11.1922/ 06.07.1993	**102**	Latvijas Vēstnesis (Lettischer Anzeiger) 107 (3475), 2006	Gesetz über die Finanzierung politi-scher Organisationen (Parteien): Latvijas Vēstnesis, 114 (397), 1995
Litauen	02.11.1992	**35**, 44, 83, 113, 114, 141	Valstybės žinios (Staatsanzeiger) I-606 (1990)	Gesetz über die Finanzierung politi-scher Kampagnen und Finanzkontrolle: Valstybės žinios IX-2428 (2004)
Luxemburg	17.10.1868	**32a**	–	

Tabelle 3: (fortgesetzt)

	Verfassungen		Parteiengesetze (ggf. Novellen)	weitere Gesetze zu Parteien
	Inkrafttreten	Artikel/Paragra-fen zu Parteien*		
Malta	21.09.1964	52, 56, 90, 119	–	Gesetz über Parteienfinanzie-rung: Government Gazette Act XXIV of 2015
Niederlande	24.08.1815	–	–	
Österreich	01.10.1920	26, 26a, 35, 36, 50d, 52a, 52b, 55, 81a, 117, 147, 148g	BGBl. Nr. 404/1975; BGBl. I Nr. 56/2012	
Polen	17.10.1997	**11**, 13, 100, 178, 188, 195, 205, 209, 214, 227	Dz. U. (Dziennik Ustaw; Gesetzblatt) 1990 Nr. 54, poz. 312; Dz. U. 1997 Nr. 98, poz. 604	
Portugal	25.04.1976	**10**, 35, 40, **51**, 55, 114, 133, 151, 160, 164, 176, 178, 179, 180, 187, 223, 234, 239, 269, 288	Diário do Governo (Regierungsanzeiger) Decreto-Lei (Gesetzes-dekret) n.º 595/74; Diário da República (Anzeiger der Republik) Lei Orgânica (Organgesetz) n.º 2/2003	
Rumänien	08.12.1991	**8**, 37, 40, 73, 84, 103, 146	Monitorul Oficial (Offizieller Anzeiger) nr. 87 Legea nr. 27 din 1996; Monitorul Oficial nr. 25 Legea nr. 14 din 2003	Gesetz über Par-teienfinanzierung und Wahlkam-pagnen: 334/2006, geändert durch Gesetz 113/2015, Monitorul Oficial, I nr. 446 din 2015
Schweden	01.01.1975 (Regerings-formen)	Kap. 3 §§ 1, 7, 8, 9	–	

Tabelle 3: (fortgesetzt)

	Verfassungen		Parteiengesetze (ggf. Novellen)	weitere Gesetze zu Parteien
	Inkrafttreten	Artikel/Paragrafen zu Parteien*		
Slowakei	01.10.1992/ 01.01.1993	**29**, 129, 137, 145a, 151a	Zákon (Gesetz) č. 15/1990 Sb. (Sbírka zákonů; Gesetzessammlung); Zákon č. 424/1991 Sb.; Zákon č. 85/2005 Z. z. (Zbierka zákonov; Satzung)	
Slowenien	23.12.1991	42, 133, 136, 160, 166	Uradni list RS (Amtsblatt Republik Slowenien), št. 62/1994; Uradni list RS, št. 100/2005	
Spanien	29.12.1978	**6**, 127, 159	BOE (Boletín Oficial del Estado; Offizieller Staatsanzeiger) núm. 293 Ley (Gesetz) 54/1978; BOE núm. 154 Ley 6/2002	Gesetz über Parteienfinanzierung: BOE núm. 158 Ley Orgánica (Organgesetz) 3/1987
Tschechische Republik	01.01.1993	**5**, 87	Zákon (Gesetz) č. 15/1990 Sb. (Sbírka zákonů; Gesetzessammlung); Zákon č. 424/1991 Sb.	
Ungarn	01.01.2012	**VIII**, XXIII, 24, 29, 30, 45, 46	Magyar Közlöny (Ungarisches Amtsblatt) 1989. évi XXXIII. törvény (Gesetz)	
Vereinigtes Königreich	–	–	Registration of Political Parties Act 1998 c. 48; Political Parties, Elections and Referendums Act 2000 c. 41; Political Parties and Elections Act 2009 c. 12	
Zypern	16.08.1960	73	Gazette 175 (I)/2012	

* Fettgedruckt erscheinen Artikel bzw. Paragrafen, deren Hauptgegenstand politische Parteien sind. Weiterführende Hinweise zu den Verfassungen und Gesetzen finden sich im Literaturverzeichnis.

Von den Verfassungen, die heute noch in Kraft sind, verankerte als erste die *italienische* vom 1. Januar 1948 in Art. 49 das Recht aller Bürger, „sich frei zu Parteien zusammenzuschließen". Trotz der starken parteipolitischen Prägung italienischer

Repräsentanten verfügt die Republik allerdings bis heute über kein Parteiengesetz oder wahlgesetzliche Regelungen zu politischen Parteien.[250] Sie werden als *lex specialis* zu der in Art. 18 statuierten allgemeinen Vereinigungsfreiheit behandelt.[251] In Art. 21 des *deutschen* Grundgesetzes vom 23. Mai 1949 (in Kraft am Folgetag) hingegen spiegelt sich der wesentliche Anteil wider, den Parteivertreter bei der Ausarbeitung hatten. Der Deutsche Bundestag kam 1967 zudem seiner verfassungsrechtlichen Pflicht zur Verabschiedung eines Parteiengesetzes nach. Demnach müssen sich die deutschen Parteien den Vorschriften über ihre innere Ordnung gemäß §§ 6 ff. unterwerfen, „welche erheblich von den Regeln des allgemeinen Vereinsrechts der BGB §§ 21 ff. abweichen"[252]. „[I]hre tatsächliche und rechtlich gestützte Bedeutung für das politische Leben macht sie nicht zu staatlichen Organen"[253], wenngleich sie aufgrund des besonderen zivilrechtlichen Status eine „Sonderform des Gesellschaftsrechts"[254] sind. In *Frankreich*, wo Parteien bereits seit der Revolution von 1789 bekannt waren, erfolgte ihre verfassungsrechtliche Absicherung paradoxerweise erstmalig in der Verfassung der V. Republik vom 4. Oktober 1958. Ausgerechnet nach dem „Scheitern aller etablierten Parteien"[255] am Algerienkrieg und trotz der ablehnenden Haltung der Verfassungsgeber um Charles de Gaulle (aufgrund der negativen Erfahrungen mit dem heterogenen Parteiensystem der vorherigen Republik) wurde Art. 4 nahezu wortgleich dem deutschen Grundgesetz nachempfunden (allerdings mit einem später noch zu erörternden Unterschied, 3.4).[256] Frankreich verfügt jedoch nach wie vor über kein Parteiengesetz, ebenso wenig legt das Wahlgesetz „Bedingungen für die Gründung politischer Parteien fest"[257].

Auch Art. 6 der *spanischen* Verfassung vom 29. Dezember 1978 ist vom Grundgesetz beeinflusst. Die Rechtstellung der dortigen Parteien ergibt sich darüber hinaus aus einfachgesetzlichen Regelungen wie dem 1978 verabschiedeten Parteiengesetz, dem Wahlgesetz und dem Organgesetz zur Finanzierung der Parteien von 1987. Aus der verfassungsrechtlichen Anerkennung leiteten einige spanische Juristen die Mindermeinung ab, die von der Ausübung öffentlich-rechtlicher Gewalt durch Parteien ausgeht, während eine staatliche Inkorporierung der Parteien von der vorherrschen-

---

250 Vgl.: *Europäisches Parlament* 2012: 26. Das Wahlgesetz enthält lediglich Bestimmungen zur „Hinterlegung von Symbol (/Logo) und Namen der Partei" (a. a. O.: 87).

251 Vgl.: *Lanchester* 1990: 383, 397; *Monath* 1998: 85; *Seifert* 1975: 61; *Tsatsos/Morlok* 1982: 14.

252 *Stelkens* 1999; vgl. hierzu *von Beyme* 2002: 44: „Das Parteiengesetz wurde nicht zuletzt durch [... die] Parteifinanzierung nötig", die in der Bundesrepublik seit 1959 aus dem Staatshaushalt erfolgt. Zuerst in Puerto Rico 1957 eingeführt, breitete sich dieses Finanzierungsmodell verstärkt aus, nachdem es 1965 auch von Schweden übernommen worden war.

253 *Grupp* 1994.

254 LAG Köln 1999: 104 f., zit. nach: *Stelkens* 1999; vgl. auch: *Schmidt* 1997: 745 ff.; *Schneider* 1990: 186.

255 *Burkhardt/Niedhart* 1981: 176; vgl. auch: *Hartmann* 1985: 133 ff.

256 Vgl.: *Burkhardt/Niedhart* 1981: 176; *Le Divellec* 2015: 29; *Kunz* 1978: 76.

257 *Europäisches Parlament* 2012: 26.

den Rechtslehre abgelehnt wird. Nach ihr gelten Parteien als juristische Personen des Privatrechts.[258] Die Verfassungen der anderen beiden Länder, die im Zuge der Süderweiterungen EG-Mitglieder wurden, weisen Parteien ebenfalls eine Rolle im Staat zu. Nachdem die *griechische* Verfassung von 1927 bereits Parteien behandelt hatte, statuierte ihre Nachfolgerin vom 11. Juni 1975 in Art. 29 Abs. 1 das Grundrecht auf Parteigründung; Das griechische Parteienfinanzierungsgesetz trat 1984 in Kraft.[259] Die *portugiesische* Verfassung vom 25. April 1976 behandelt in Art. 10 Abs. 2 die politischen Parteien. Auch dort diente deutsches Parteienrecht als Vorbild, was sich bereits in der entsprechenden Definition des Parteiengesetzes von 1974 (2003 novelliert) widerspiegelte. Den Parteien wird zwar eine „verfassungsmäßige Aufgabe zugewiesen"[260], sie gelten jedoch als „Vereinigung[en] des Privatrechts"[261].

Vor der Osterweiterung der Europäischen Union im Jahr 2004 nahmen nur die erwähnten Verfassungen dezidiert Stellung zur rechtlichen Qualifizierung politischer Parteien. Entsprechende Verfassungsnormen haben hingegen sämtliche EU-Länder des ehemaligen sowjetischen Herrschaftsbereichs erlassen. Damit setzte sich der im bisherigen Untersuchungsverlauf beobachtete Trend zur verfassungsmäßigen Inkorporation von Parteien nach dem Zusammenbruch des Warschauer Paktes fort; Morlok spricht vom „Parteibürgerrecht"[262] neuerer Verfassungen. Die „Hauptkonfliktlinie" bildeten dort die Auseinandersetzung „zwischen den Anhängern des alten kommunistischen Regimes und den Reformern"[263]. Letztere formulierten das Verfassungsrecht auf Parteigründungen im Geiste der Freiheitsbewegung beinahe durchgehend als *lex specialis* zur Vereinigungsfreiheit.[264]

Die einzige Ausnahme bildet hier *Bulgarien*, das in seiner Verfassung vom 13. Juli 1991 in Art. 11 Abs. 3 die Willensbildungsfunktion politischer Parteien betont. Ebenso wurde das bulgarische Parteiengesetz aus dem Jahr 1990 (2009 novelliert), auf das besagter Verfassungsartikel hinweist, „von westeuropäischen Vorbildern, insbesondere der deutschen Rechtsordnung beeinflusst"[265]. Gleiches gilt für *Rumänien*, dessen Verfassungsgeber am 21. November (in Kraft seit dem Referendum vom 8. Dezember) 1991 in Art. 8 Abs. 2 auch die grundgesetzliche Formel festschrieben. Anders als in Bulgarien, das sein Parteiengesetz zur Vorbereitung der ersten freien Wahlen verabschiedet hatte, folgte ihm das Parlament in Bukarest jedoch erst 1996 (die Novelle

258 Vgl.: *Monath* 1998: 91 ff.; *Puente Egido* 1990: 664.
259 Vgl.: *Vernardakis* 2012: 12.
260 *De Sousa* 1993: 313.
261 *De Sousa* 1990: 604; vgl. auch: *Black* 1999: 901; *Monath* 1998: 90; *Thomashausen* 1981b: 176 ff.
262 *Morlok* 2013a: 195.
263 *Ismayr* 2010: 53.
264 Vgl. Verfassungen: *Estland* § 48 Abs. 1; *Lettland* Art. 102; *Litauen* Art. 35 Abs. 1; *Polen* Art. 11 Abs. 1; *Rumänien* Art. 40 Abs. 1; *Slowakei* Art. 29 Abs. 2; *Tschechische Republik* Art. 5; *Ungarn* Art. VIII Abs. 3.
265 *De Nève* 2002: 106.

datiert von 2003).[266] Ein drittes osteuropäisches Land, das vergleichbar mit Rumänien allerdings auch die Freiheit der Bürger zur Vereinigung in Organisationen (darunter auch Parteien) betont, stellt auf die Parteifunktion der Willensbildung des Volkes in seinen beiden postkommunistischen Verfassungen ab: *Ungarn* kannte bereits in dem Dokument vom 23. Oktober 1989 diese Formel, die auch in der Neufassung vom 1. Januar 2012 in Art. VIII Abs. 3 enthalten ist. Letzterer verweist in Abs. 4 sowie Art. XXIII Abs. 8 auf das Parteiengesetz, das aus dem Jahr 1989 datiert.

Im Rahmen der genannten Vereinigungsfreiheit behandeln die baltischen Republiken politische Parteien: *Estland* beschränkt diese in seiner Verfassung vom 3. Juli 1992 in § 48 Abs. 1 ausdrücklich auf seine Staatsbürger, die sie per Referendum am 28. Juni angenommen hatten;[267] das dortige Parteiengesetz datiert von 1994. *Lettlands* Verfassung, die ursprünglich 1922 verabschiedet und am 6. Juli 1993 mit Modifikationen wieder in Kraft gesetzt wurde, behandelt Parteien nur im Rahmen der allgemeinen Vereinigungsfreiheit (Art. 102); nach dem Gesetz über politische Parteien von 2006 werden solche „nicht registriert, wenn mehr als die Hälfte der Mitglieder Nichtstaatsbürger sind"[268]. Zudem besteht seit 1995 ein Gesetz über die Finanzierung politischer Organisationen (einschließlich Parteien) im Allgemeinen. *Litauens* Verfassung, nach dem Referendum vom 25. Oktober am 2. November 1992 in Kraft gesetzt, spezifiziert in Art. 35 Abs. 1 die Vereinigungsfreiheit hinsichtlich „Gesellschaften, politischen Parteien und Assoziationen" ebenfalls explizit nur für seine Staatsbürger. Das dortige Parteiengesetz stammt aus dem Jahr 1990. Auf die Willensbildungsfunktion stellt es in seiner Neufassung von 2004 ab,[269] als auch ein Parteienfinanzierungsgesetz verabschiedet wurde.

Vier ehemals sozialistische Staaten widmen politischen Parteien – wie auch Rumänien und Ungarn mit dem Fokus auf die Willensbildungsfunktion – eigene Normen, die auf die Vereinigungsfreiheit abstellen: *Kroatien* nimmt dies in Art. 6 seiner Verfassung vom 22. Dezember 1990 vor, die weitere Bestimmungen zu Parteien enthält, während das 1993 verabschiedete Parteiengesetz selber „nur sehr knappe Regelungen der Parteigründung, der Registrierung und Parteifinanzen"[270] ergänzt. Art. 11 der Verfassung *Polens* vom 17. Oktober 1997 wird präzisiert durch das im gleichen Jahr novellierte Parteiengesetz (ursprünglich von 1990), „das deutliche Lernprozesse [hinsichtlich der Binnenorganisation und Parteifinanzen] erkennen lässt"[271]. Die *Slowakei* (in Art. 29 ihrer Verfassung vom 1. Oktober 1992) und die *Tschechische*

266 *Gabanyi* 2010: 657; vgl. auch: *Eckert* 2008: 94; *Riedel* 2010: 700.
267 Dies liegt in erster Linie an der großen russischen Minderheit (25,3% der estnischen Gesamtbevölkerung zum 01.01.2014), die nur zum Teil die estnische Staatsbürgerschaft besitzt. Vgl.: *Statistics Estonia* 2015: 8.
268 *Schmidt* 2010: 153.
269 Vgl.: *Litauen* Parteiengesetz Präambel, Art. 2.
270 *Zakošek/Maršić* 2010: 805.
271 *Ziemer* 2013: 172; vgl. auch a. a. O.: 173.

Republik (Art. 5 der Verfassung vom 1. Januar 1993) stellen die Vereinigungsfreiheit ebenfalls in den Mittelpunkt parteipolitischer Gründungen. Parteiengesetze wurden im vormals gemeinsamen Staat 1990 und 1991 verabschiedet, letzteres ist in der Tschechischen Republik weiterhin gültig. Die Slowakei hingegen fasste 2005 in dem neuen Gesetz über politische Parteien und politische Bewegungen verschiedene Normen zusammen, indem u. a. die Gesetze zu staatlicher Parteienfinanzierung und Wahlkampfspenden ersetzt wurden.

Als einzige osteuropäische Verfassung enthält die *slowenische* vom 23. Dezember 1991 keine Normen zur Gestalt politischer Parteien. Sie bestimmt lediglich die Zuständigkeit des Verfassungsgerichts in Fragen der Rechtmäßigkeit parteipolitischer Handlungen (Art. 160 Abs. 1) und abwehrend, welche Staatsämter mit einer Parteimitgliedschaft unvereinbar sind (Art. 42 Abs. 4, Art. 133, 136, 166). Das Parteiengesetz von 1994 sowie sein Substitut von 2005 allerdings normieren u. a. ihre Funktionen detailliert.

Die verfassungsmäßige Inkorporation politischer Parteien in Europa hat dazu geführt, dass auch *Luxemburg* in seine Verfassung vom 17. Oktober 1868 im Jahr 2008 Art. 32a eingefügt hat; er besagt, auch hier in Anlehnung an das deutsche Grundgesetz, dass politische Parteien „bei der Bildung des Volkswillens mit[wirken und] dessen Deutung bei allgemeinen Wahlen" dienen. Die verfassungsrechtlichen Grundlagen der politischen Parteien sind darüber hinaus über die Grundrechte der Meinungsfreiheit (Art. 24) und der Vereinigungsfreiheit (Art. 26) verankert.[272] Näheres zur Gründung oder Organisationsform bestimmen weder ein Parteien- noch das Wahlgesetz des Großherzogtums.[273]

Ohne politische Parteien explizit zu behandeln, schreiben ihnen einzelne Verfassungsbestimmungen der drei im Jahre 1995 der EU beigetretenen Länder funktionale Bedeutungen zu. In *Schweden* werden nach Kap. 3 § 7 der seit dem 1. Januar 1975 gültigen „Regierungsformen"[274] die Mandate auf die Parteien verteilt, wobei seit 1994 auch Personenstimmen abgegeben werden können. Da es in dem Königreich darüber hinaus auch auf einfachgesetzlicher Ebene lediglich ein Gesetz über die Parteienfinanzierung (von 1966) gibt und die schwedischen Parteien als „freie Vereine

---

272 Vgl.: *Monath* 1998: 87; *Tsatsos* 1988: 4; *Wivenes* 1990: 445 f., 458 f. Der zur Verfassungsreform bereits am 06.12.1982 unterbreitete Vorschlag, die Parteien (in enger Anlehnung an den Wortlaut von Art. 4 der französischen Verfassung von 1958) in einem Art. 51b verfassungsrechtlich zu verankern, stieß damals gerade bei den Parteien auf Ablehnung, da ihrer Ansicht nach in einer über Art. 26 hinausgehenden Anerkennung ein Versuch der Beschränkung ihres Handlungsrahmens gesehen werden könnte. Vgl.: *Wivenes* 1990: 460 f.

273 Vgl.: *Europäisches Parlament* 2012: 88.

274 Die schwedische Verfassung besteht aus vier Teilen, die zusammen die Verfassung des Königreichs bilden: die Regierungsformen, das Thronfolgegesetz sowie die Gesetze über die Pressefreiheit und die Freiheit der Meinungsäußerung. Vgl.: *Jahn* 2009: 107.
Wenn in dieser Studie die „Verfassung" Schwedens zitiert wird, beziehen sich die Angaben stets auf die Regierungsformen.

[...] von staatlicher Regelung ausgenommen"[275] sind, bestimmt sich ihr Status nach allgemeinem Vereinsrecht. In *Finnland* kannte weder die nach der Unabhängigkeit 1919[276] noch die am 11. Juni 1999 verabschiedete und am 1. März 2000 in Kraft getretene neue Verfassung parteispezifische Normen. In den §§ 25 und 54 letzterer ist jedoch sowohl das Recht zur Aufstellung von Kandidaten für die Parlamentswahl als auch für die Wahl des Präsidenten der Republik den registrierten Parteien (bzw. einer Gruppe aus „einer festgelegten Zahl von Stimmberechtigten") vorbehalten. Die Eintragung in das Parteienregister regelt das Parteiengesetz aus dem Jahr 1969. In Finnland wird die rechtliche Existenz der Parteien ausschließlich über die allgemeine Vereinigungsfreiheit gemäß § 13 der Verfassung bestimmt, weshalb sie als privatrechtliche Vereinigungen eingeordnet werden.[277] Das *österreichische* Bundes-Verfassungsgesetz (B-VG) vom 1. Oktober 1920 schreibt den politischen Parteien bereits seit 1925 ebenfalls Funktionen zu, die u.a. die Wahlordnung betreffen.[278] 1975 wurde, neben weiteren einfachen Gesetzen über die Parteien und Fraktionen (in Österreich „Klubs" genannt), das (2012 novellierte) Parteiengesetz[279] verabschiedet. Dessen Art. 1 besitzt gemäß B-VG Art. 44 Abs. 1, 2 Verfassungsrang, inhaltlich lehnt er sich stark an GG Art. 21 an. Die parteienrechtliche Einordnung wurde in verschiedenen Instanzen wie folgt bestätigt: „[S]ie sind keine Körperschaften öffentlichen Rechts und ihre Beziehungen zu den Mitgliedern beruhen auf Privatrecht."[280]

Alle Verfassungen der Benelux-Staaten und Dänemarks nahmen von Parteien ursprünglich keinerlei Notiz. Deren Existenz implizierten sie jedoch (auch vor der luxemburgischen Änderung und einer Zuständigkeitsbestimmung in Belgien) bereits über das in diesen vier konstitutionellen Monarchien verfassungsrechtlich verankerte Verhältniswahlrecht. Die *belgische* Verfassung vom 26. Juli 1831[281] regelt in Art. 62, dass die Wahlen „nach dem durch Gesetz festgelegten System der verhältnismäßigen Vertretung" erfolgen. Lediglich Art. 77 Abs. 5 schreibt der Abgeordnetenkammer und dem Senat die Zuständigkeit für Gesetze über die Finanzierung der politischen Parteien und die Kontrolle der Wahlausgaben zu. „Belgien verfügt über kein Parteiengesetz, und das Wahlgesetz legt keine Bedingungen für die Gründung politischer

---

275 *Stjernquist* 1977: 323.

276 Allerdings war in der alten Verfassung nach § 23a das Monopol der Parteien bei der Kandidatenaufstellung für das Amt des direkt vom Volk gewählten Präsidenten und gemäß § 36 die Beteiligung der Fraktionen an der Regierungsbildung verfassungsrechtlich abgesichert. Vgl.: *Monath* 1998: 94 f.

277 Vgl.: *Farrell* 1999: 360; *Hidén* 1985: 49; *Pesonen/Rantala* 1978: 142.

278 Vgl.: *Österreich* B-VG Art. 26 Abs. 2, Art. 26a, Art. 35 Abs. 1, Art. 52b Abs. 1, Art. 81a Abs. 3.

279 Das österreichische Parteiengesetz beschäftigt sich ausschließlich mit finanziellen Aspekten, wodurch sich die österreichische Politikwissenschaft veranlasst sah, sich dem Mangel an Vorgaben zu Partizipationsmöglichkeiten der Bürger zu widmen. Vgl. hierzu: *Sickinger* 2002: 74.

280 *Walter/Mayer* 1992: 64 (Rn 153); vgl. auch: *Ermacora* 1977: 193; *Schäffer* 1986: 50 ff.

281 Vgl. zur Entstehung der Verfassung und ihrer Revision von 1970: *Senelle* 1971: 3 ff. Die Rolle der politischen Parteien bei der Reform der Institutionen stellt dar: *Senelle* 1970: 39 f.

Parteien fest."[282] Ihre Existenz basiert auf den Verfassungsbestimmungen zur Meinungs-, Versammlungs- und Vereinigungsfreiheit.[283] Gleiches gilt für die *Niederlande*, in deren Verfassung vom 24. August 1815 das Verhältniswahlrecht in Art. 53 Abs. 1 verankert ist. Es gibt ebenfalls keine einfachgesetzliche Regelung, sodass auch hier die Parteien als gesellschaftliche Organisationen nach dem privatrechtlichen Vereinsrecht gemäß Burgerlijk Wetboek (BW; niederl. BGB) Art. 27 ff. behandelt werden.[284] Auch in *Dänemark* werden Parteien in der Verfassung vom 5. Juni 1849 nicht ausdrücklich behandelt und es existiert kein Parteien-, wohl aber ein Wahlgesetz mit Vorschriften zu „Bedingungen und Verfahren zur Gründung einer politischen Partei"[285]. Die rechtliche Stellung der dänischen Parteien ergibt sich aus der allgemeinen Vereinigungsfreiheit der Verfassung in § 78, sie haben daher privatrechtlichen Charakter.[286]

Eine verfassungsrechtliche Norm zu Parteien kann es im *Vereinigten Königreich* in Ermangelung eines kodifizierten Verfassungssystems nicht geben.[287] Lediglich "their existence was assumed by the Ministers of the Crown Act"[288] von 1937; das 1998 verabschiedete Parteiengesetz detailliert „Bedingungen für die Gründung einer politischen Partei"[289], ergänzend wurden 2000 finanzielle Regulierungen zu Spenden und Rechnungsprüfung sowie 2009 die Parteinominierungen für Wahlkommissionen normiert. Wie die gesamte *irische* Rechtsordnung ist auch das dortige Parteienrecht durch seine Zugehörigkeit zum angelsächsischen Rechtskreis charakterisiert, das „jedoch kontinentaleuropäische Elemente aufgenommen"[290] hat. Von Parteien nimmt gleichwohl die Verfassung vom 29. Dezember 1937 keine unmittelbare Notiz, schreibt allerdings in Art. 16 Abs. 2 das Verhältniswahlrecht fest. Die normative Stellung politischer Parteien ergibt sich in Irland aus den im Verfassungsartikel 40 Abs. 6 verbürgten Grundrechten der Meinungs-, Versammlungs- und insbesondere der Vereinigungsfreiheit.[291] Da außer dem Wahlgesetz von 1963[292] auch auf einfachgesetzli-

---

282 *Europäisches Parlament 2012:* 17.

283 Vgl.: *Belgien* Verf. Art. 14, 19, 20; *Suetens* 1990: 39 ff., 46; *Tsatsos* 1988: 4.

284 Vgl.: *Elzinga* 1990: 522; *Tsatsos* 1988: 4.

285 *Europäisches Parlament 2012:* 21.

286 Vgl.: *Monath* 1998: 74; *Thomas* 1999: 287 f.; *Tsatsos* 1988: 4; *Vesterdorf* 1990: 80 f., 90.

287 Vgl.: *Andrews* 1999: 1154; *Berg-Schlosser* 1978: 141; *Smith* 1990: 314; *Tsatsos* 1988: 4; *Wade/Bradley* 1985: 12; *Yardley* 1990: 3.

288 *Philipps/Jackson* 1978: 28.

289 *Europäisches Parlament 2012:* 42.

290 *Lagoni* 1973: 175; vgl. auch: *Berg-Schlosser* 1978: 155.

291 Vgl.: *Kelly* 1961: 111 ff.

292 „Kraft des Electoral Act wurde ein Parteienregister eingeführt, das den [eingetragenen] Parteien bestimmte Vorrechte (Wahlkandidaten dürfen den Parteinamen hinter ihren Namen schreiben lassen; die Parteien erhalten einen Finanzzuschuss; sie besitzen das Recht auf Ausstrahlung von Wahlkampfsendungen im Fernsehen) einräumt." *Monath* 1998: 83; vgl. auch: *Kelly* 1990: 348; *Ward* 1999: 537 f.

cher Ebene keine Norm zu Parteien verabschiedet worden ist,[293] sind die irischen Parteien privatrechtliche Vereine ohne Rechtspersönlichkeit.[294]

Die angelsächsische Prägung spiegelt sich ebenfalls in den Verfassungsbestimmungen der beiden mediterranen Inselrepubliken zu politischen Parteien wider. Die *zypriotische* Staatsordnung aus dem Unabhängigkeitsjahr (vom 16. August 1960) enthält keine Bestimmungen zu politischen Parteien selber, wohl aber zu ihren parlamentarischen Fraktionen (Art. 73). Die Gründungsmodalitäten sind im Parteiengesetz von 2012 geregelt. In der *maltesischen* Verfassung, ebenfalls aus Anlass der Unabhängigkeit (an dem Tag selber, dem 21. September 1964) verabschiedet, werden politischen Parteien zwar bereits bestimmte Funktionen u. a. im Rahmen von Wahlen zugewiesen (sowohl bei den allgemeinen als auch innerparlamentarisch; Art. 52 Abs. 1; Art. 56 Abs. 11; Art. 90 Abs. 2, 4). Erst seit 2015 regelt jedoch das Parteienfinanzierungsgesetz nicht nur im Titel ausgewiesene Belange, sondern "the formation, the inner structures, functioning and financing, of political parties and their participation in elections"[295].

Damit bildet das kleinste Mitgliedsland der Europäischen Union einen musterhaften Übergang zur Zusammenfassung: Die Untersuchung der normativen Grundlagen der politischen Parteien in den 28 EU-Staaten hat einen eindeutigen Trend zu deren rechtlicher Verankerung aufgezeigt.[296] Nur die älteren Verfassungen Dänemarks (aus dem Jahr 1853), Irlands (1937) und der Niederlande (1815) kennen bis *dato* keine Verfassungsbestimmungen zu Parteien, implizieren sie aber durch das Verhältniswahlrecht. Luxemburg und andere westeuropäische Staaten ergänzten Parteienartikel nachträglich in ihre Verfassungen oder Parteiengesetze. „Deutschland, Finnland und Österreich haben bei der Regulierung der Parteien die Pionierarbeit geleistet"[297] – die Formulierung des Grundgesetzes findet sich heute in der Mehrheit der europäischen Rechtsordnungen wieder. Fast ausnahmslos nahmen sich die Verfassungsgeber ehemaliger Diktaturen oder Einheitsstaaten die Formel der politischen Willensbildung

---

293 „Selbst das irische Wahlsystem kennt – obwohl gem. Art. 16 II Nr. 5 Verf. nach dem Verhältniswahlsystem gewählt wird – keine landesweiten Parteilisten, sondern es findet eine Direktwahl in Drei- bis Fünfmann-Wahlkreisen statt, wobei die Wähler selber die Reihenfolge der Kandidaten bestimmen können." *Monath* 1998: 83; vgl. auch: *Berg-Schlosser* 1978: 155 ff.; *Doerries* 1981: 260; *Kelly* 1990: 350; *Tsatsos* 1988: 4.
294 Vgl.: *Kelly* 1990: 347; *Lagoni* 1973: 145; *Ward* 1999: 537.
295 *Malta* Parteienfinanzierungsgesetz: Präambel.
296 *Europäisches Parlament 2012*: 16.
297 Dies ist jedoch nicht zuletzt auf die Finanzierung von politischen Parteien aus den jeweiligen Staatshaushalten zurückzuführen, sodass alleine die Gesetzestitel nicht mehr zwangsläufig Aufschluss darüber geben, ob es sich um Parteiengesetze *sui generis* oder tatsächlich lediglich um Parteienfinanzierungsgesetze handelt. Mit seiner Novellierung von 1993 beispielsweise wurde das deutsche Parteiengesetz – überspitzt formuliert – „zum reinen Parteienfinanzierungsgesetz degradiert". *Von Beyme* 2002: 52; vgl. zur diesbezüglichen Konvergenz des deutschen und französischen Parteienrechts: *Le Divellec* 2015: 38.

durch intern demokratisch organisierte Parteien als Muster, die sie verfassungsmäßig oder einfachgesetzlich verankerten.

Dieser Tendenz folgte auch der Parteienartikel des Maastrichter Vertrages, der wiederum die weitere Harmonisierung der normativen Grundlagen politischer Parteien unterstützte. Sie sind heute in sämtlichen nationalen Rechtsordnungen innerhalb der Europäischen Union festgeschrieben. Ihre juristische Einordnung erfolgt im Vereinigungs-, Gesellschafts- oder Privatrecht bzw. als rechtliche Sonderform. Wie in einigen ehemals sozialistischen Staaten explizit normiert, ist dabei festzuhalten, dass politische Parteien in keinem Mitgliedsland Organe des Staates sind.

3.2 Mitgliedschaftstypen

Die zentrale Rolle der politischen Parteien bei der Vermittlung des Volkswillens auf die staatliche Ebene stellt an ihren internen Aufbau bestimmte Anforderungen.[298] Als erste von ihnen ist die Zusammensetzung der Parteimitgliedschaften zu untersuchen, weil die Legitimation der europäischen Nationalstaaten – neben der soeben behandelten normativen Verankerung – auf der gleichberechtigten Partizipation aller Entscheidungsbetroffenen an der Entscheidungsbildung gründet. (1.2) Infolge dieses demokratietheoretischen Imperativs dürfen sich in politischen Parteien nur einzelne Bürger als Elemente des Souveräns artikulieren, wenn demokratische Legitimation vermittelt werden soll. Hieraus leitet sich das Gebot zur Individualmitgliedschaft ab, da die Machtfülle von Vertretern innerparteilicher Kollektive die gleichberechtigte Beteiligung aller Mitglieder an der Entscheidungsbildung verhindern würde.

Diesbezügliche Vorgaben in den Ländern der Europäischen Union können in drei Obergruppen gefasst werden. Die jüngste von ihnen besteht überwiegend aus ehemals sozialistischen Einheitsstaaten und stellt die Mitgliedschaft einzelner Bürger in den Mittelpunkt ihrer Bestimmungen zu politischen Parteien. In acht Ländern ist dies in der Verfassung verankert: *Bulgarien* schrieb die politische Willensbildung durch seine Bürger fest (Art. 11 Abs. 3). In *Estland* (§ 48 Abs. 1), *Lettland* (Art. 102) und *Litauen* (Art. 35 Abs. 1) wird betont, dass jeder Staatsbürger das Recht zur Mitgliedschaft in politischen Parteien besitzt. *Polen* stellt die Prinzipien der Freiwilligkeit und Gleichheit seiner Bürger in Parteien heraus (Art. 11 Abs. 1). Die *rumänische* Verfassung konstituiert das Recht seiner Bürger zur freien Vereinigung in politischen Parteien (Art. 40 Abs. 1). Letzteres gilt auch für die *Slowakei* (Art. 29 Abs. 2) sowie für *Griechenland* (Verf. Art. 29 Abs. 1)[299] als einzigem „älteren" EU-Mitglied.

Drei weitere vormalig sozialistische Staaten geben ihren Parteien verfassungsrechtlich demokratische Strukturen vor und implizieren damit ebenfalls die Mitglied-

---

298 Vgl.: *Morlok* 2013a: 183.
299 Vgl. auch: *Hering* 1981: 219 f.; *Papadimitriou* 1990: 279 f.; *Tsatsos* 1988: 5.

schaft einzelner Personen. Explizit haben sie dies zudem in Parteiengesetzen festgeschrieben: in der *Tschechischen Republik* in § 1 Abs. 1, in *Ungarn* in § 2 Abs. 2 und
im *kroatischen* Parteiengesetz in Art. 6 Abs. 2, wo zudem auch – wie in Polen – die
Gleichheit der in einer Partei organisierten Bürger betont wird. In Ermangelung einer
dedizierten Parteiennorm fehlt in der *slowenischen* Verfassung auch eine Bestimmung
der Mitgliedschaftstypologie. Jedoch ist auch im dortigen Parteiengesetz zu finden,
dass „eine politische Partei die Vereinigung von Bürgern ist" (Art. 1).

Zu dieser ersten Gruppe sind ferner die zwei Inselstaaten zu rechnen, obwohl sie
dem angelsächsischen Rechtskreis mit (noch darzulegenden, anderswo vorzufinden-
den) innerparteilichen Kollektiven angehören. Beide Länder haben unlängst Parteien
(finanzierungs)gesetze verabschiedet, die politische Parteien als Vereinigungen von
Individuen bestimmen: In *Zypern* "political party means a body or association of
persons" (Parteiengesetz Art. 2). *Malta* definiert ein Parteimitglied als "a person who
is a registered member of a political party" (Parteienfinanzierungsgesetz Art. 2).

In einer zweiten Obergruppierung zusammenzufassende Länder betonen die
politische Willensbildung durch Parteien. Diese Perspektive, geprägt vom *deutschen*
Grundgesetz-Artikel 21 Abs. 1, impliziert aufgrund der nationalen Demokratiegebote
(1.4) ebenfalls die ausschließliche Mitgliedschaft einzelner Bürger. Folgerichtig ist sie
zudem explizit in – sofern vorhanden – Parteiengesetzen der hier einzuordnenden
Länder zu finden (so in Deutschland, § 2 Abs. 1). In *Portugal* finden sich entsprechende Bestimmungen ebenfalls in der Verfassung (Art. 10 Abs. 2) und dem Parteiengesetz (Art. 1 Abs. a).[300] Gleiches gilt für die Verfassung *Spaniens* (Art. 6) und das
dortige Parteiengesetz; es schreibt allen mündigen EU-Bürgern das Recht auf Mitgliedschaft in einer spanischen Partei zu (Art. 1 Abs. 1, Art. 2 Abs. 1). In *Frankreich* ist
sämtlichen Parteien die in Art. 4 verfassungsrechtlich verankerte Mitwirkung an
Wahlentscheidungen, fußend auf den Willensäußerungen ihrer Individualmitglieder,
gemein.[301]Auf gleiche Weise haben Bürger *Italiens* das Recht dazu, am demokratischen Politikprozess mitzuwirken (Verf. Art. 49).[302] Der relativ junge Parteienartikel
32a der Verfassung *Luxemburgs* stellt ebenfalls auf die politische Willensbildung ab;
dort nahmen die Parteien auch früher ausschließlich natürliche Personen auf.[303]

---

300 Vgl. auch: *Monath* 1998: 91; *de Sousa* 1990: 615; *Tsatsos* 1988: 5.

301 Vgl.: *Burkhardt/Niedhardt* 1981: 192, 194, 199; *Frankreich* Verf. Art. 4 Abs. 1; *Hänsch* 1978: 181;
Fromont 1990: 231.

302 Vgl. auch: *von Beyme* 1970: 95 ff.; *Monath* 1998: 86; *Petersen* 1981: 298, 310; *Murphy* 1978: 323, 333,
350. „[S]elbst die kommunistische Partei Italiens (PCI), die in Italien als einzigem westeuropäischen
Land stärker als die dortigen sozialdemokratischen Parteien ist (Stimmenanteile von über 30% [waren]
die Regel), ist vom sonst üblichen Prinzip des ‚demokratischen Zentralismus' zugunsten der innerparteilichen Demokratie abgerückt." *Monath* 1998: 86; vgl. auch: *Merkel* 1983a: 341; *Merkel* 1983b: 8.

303 Vgl.: *Dadder* 1980: 201, 203, 206; *Luxemburg* Verf. Art. 32a; *Monath* 1998: 88; *Trausch* 1981: 389,
392.

Die anderen älteren, liberalen Rechtsordnungen – sie bilden hier die dritte Obergruppe – verzichten weiterhin auf normative Vorgaben zu Parteimitgliedschaften. Das *niederländische* Bürgerliche Gesetzbuch bestimmt lediglich, dass „jedes Vereinsmitglied direkt oder indirekt über gewählte Delegierte Einfluß auf die wesentlichen Entscheidungen nehmen können"[304] muss; diese Norm findet in der Verpflichtung aller Parteien zur Individualmitgliedschaft ihre Umsetzung.[305] In Ermangelung verfassungsrechtlicher Regelungen oder einem Parteiengesetz ist in *Belgien* maßgeblich, dass gemäß der Statuten aller Parteien zur Gewährleistung der grundsätzlich freien und gleichen Einflussmöglichkeit aller Bürger auf den politischen Willensbildungsprozess ausschließlich die Individualmitgliedschaft möglich sein darf.[306]

Die nordischen EU-Mitgliedsländer haben ebenfalls keine Rechtsvorschriften zur Regelung der Mitgliedschaftstypen politischer Parteien erlassen. Während die *dänische* Verfassung Parteien gar nicht behandelt, werden ihnen in *Finnland* und *Schweden* jedoch Funktionen bei Wahlen zugeschrieben. Das einzige Parteiengesetz dieser drei Länder verpflichtet nur zur Beachtung demokratischer Prinzipien (Finnland Parteiengesetz Art. 2 Abs. 1). Im Gegensatz zu den Niederlanden und Belgien besteht in diesen drei Ländern keine (Selbst-)Verpflichtung zur Individualmitgliedschaft: So ist der dänische Gewerkschaftsbund mit der Socialdemokraterne (Dänische Sozialdemokraten) personell verbunden und fördert deren Wahlkämpfe (ideell, organisatorisch und finanziell); „Konservative und Liberale werden von der Privatindustrie und ihren Verbänden unterstützt."[307] Generell gibt es über die als private Vereinigungen organisierten dänischen Parteien „nur wenig gesichertes Wissen [..., da] sie zur Offenlegung von Interna nicht verpflichtet sind"[308]. An der nationalen Politikgestaltung innerhalb der Sozialdemokratischen Arbeiterpartei Schwedens (SAP) nehmen ausschließlich die ca. 100.000 Individualmitglieder als „Einzelkomponenten der Volkssouveränität"[309] teil; die über ihre Gewerkschaft den Sozialdemokraten indirekt angehörenden 1,5 Millionen Mitglieder wirken hingegen auf der lokalen Ebene mit. In Finnland kennen als einzige Partei die Kommunisten (SKP) eine Kollektivmitgliedschaft, sie operieren jedoch außerhalb des herrschaftsrelevanten Bereichs.[310]

---

304 *Monath* 1998: 89; vgl. auch: *Elzinga* 1990: 532.

305 Vgl.: *Dadder* 1980: 210; *Lademacher/van Slooten* 1981: 409 f.

306 Vor dem Zweiten Weltkrieg kannten die belgischen Sozialisten noch die Kollektivmitgliedschaft, die Katholische Partei hatte damals eine ständische Organisation. Vgl.: *Wende* 1981: 15, 17, 20, 23, 27.

307 *Nannestad* 2009: 95.

308 *Nannestad* 2009: 95; vgl. auch: *Lahme* 1981: 58; *Miller* 1991: 69 f.; *Rubart* 1978: 125.

309 *Monath* 1998: 99. Die Kollektivmitgliedschaft zwischen der Arbeitergewerkschaft und der SAP wurde erst 1990 abgeschafft; vgl.: *Jahn* 2009: 128. Vgl. auch *Schweden* Regeringsformen Kap. 3 § 1: „Als Partei versteht sich jeder Zusammenschluss bzw. jede Gruppe von Wählern, der bzw. die bei den Wahlen unter einer eigenen Bezeichnung auftritt."

310 Vgl.: *Hidén* 1985: 49; *Pesonen/Rantala* 1978: 145 ff.; *Wagner* 1981: 151–170. Die SKP erhielt bei den Parlamentswahlen am 19.04.2015 0,3 % der Stimmen und erreichte damit keine Mandate.

Vergleichbar mit der Situation in Finnland und Schweden macht *Österreich* politischen Parteien ebenfalls keine Vorgaben zur Mitgliedschaft, behandelt sie aber verfassungs- und einfachrechtlich. An dieser Stelle sei zudem darauf hingewiesen, dass zur Österreichischen Volkspartei (ÖVP) z. T. überholte Verfahren beschrieben wurden.[311] Heutzutage ist eine gleichberechtigte Vertretung der Mitglieder in der ÖVP, wie früher auch schon in den anderen österreichischen Parteien,[312] gewährleistet.

Für das Parteiensystem im *Vereinigten Königreich* lassen „sich in Europa keine Parallelen finden"[313]. Der Conservative Party kommt lediglich eine unterstützende Funktion ihrer Fraktion im Unterhaus zu. Dies spiegelt sich in den internen Entscheidungsverfahren darin wider, dass der Parteitag, dessen Delegierte von den Individualmitgliedern gewählt werden, zwar offiziell das höchste Organ ist, ihm in der Praxis jedoch nur eine akklamatorische Funktion zukommt. So sind die Delegierten u. a. von der Auswahl des Parteivorsitzenden, bei der nur die Fraktionsmitglieder (das sog. "1922 Committee") Stimmrecht besitzen, ausgeschlossen.[314] Die Parteitagsdelegierten der Labour Party waren früher nur zu 30 Prozent Mitglieder, während der gleiche Anteil von der Unterhausfraktion und die übrigen 40 Prozent von Gewerkschaften gestellt wurden.[315] Daher repräsentierte der Parteitag, obwohl er das souveräne Organ der Partei war, die Mitglieder nicht nach dem Grundsatz der Gleichheit. Im Kontext von "New Labour" strebte Anthony Blair „eine staatliche Parteienfinanzierung an, um

---

311 Vgl.: *Monath* 1998: 97; *O'Regan* 1999: 66 f.
In den sechziger Jahren bestand die ÖVP lediglich aus wenigen hundert Individualmitgliedern und sechs (heute noch existierenden) selbstständigen Bünden. Sie entsendeten, unabhängig von ihrer Mitgliederzahl, 25 Delegierte zum ÖVP-Kongress, auf dem nach „innerparteilichen Koalitionsverhandlungen" (*Naßmacher* 1968: 47) die personellen und programmatischen Entscheidungen der Partei getroffen wurden. Dieses Verfahren gehört jedoch weitgehend der Vergangenheit an: Heute hat die ÖVP ca. 700.000 Mitglieder, die „an Veranstaltungen, Vorwahlen, Wahlen und Abstimmungen" (*Österreichische Volkspartei* Bundespartei-Organisationsstatut § 13 Abs. 1) über Delegiertensysteme demokratisch partizipieren.
312 Vgl.: *Mommsen-Reindl* 1981: 459; *O'Regan* 1999: 66 f.
313 *Hartmann* 1978: 259 f.
314 Vgl. insb.: *Vereinigtes Königreich Conservative Party* Constitution: Schedule 2 Rules for the election of the leader i. V. m. Schedule 1 Interpretation 1.2: "the 1922 Committee means a committee comprising all Members of Parliament"; vgl. auch: *Andrews* 1999: 1162; *Dadder* 1980: 146; *Hartmann* 1978: 244; *Jennings/Ritter* 1970: 408; *Smith* 1990: 321 f.; *Wende* 1981: 237, 245.
315 Vgl.: *Monath* 1998: 82 (Fn 254). Dies hat historische Ursachen: 1889 wurde das "Labour Representation Committee", das sich 1906 in Labour Party umbenannte, als „parlamentarische Vertretung der Gewerkschaften [gegründet]. Die politische Linie und auch die Organisationsform der neuen Labour-Party war ein Mittelding zwischen dem mehr politischen Flügel der Gewerkschaften und der sozialistischen Bewegung einerseits und den ausgesprochenen Fachgewerkschaften andererseits. Diesen Charakter hat sie im wesentlichen bis heute [1961] beibehalten." *Bandholz* 1961: 19; vgl. auch: *Pelling* 1954: 203 ff.; *Potter* 1961: 293 ff.; *Pulch* 1987: 21. 1992 waren noch 11% der Gewerkschaften, die 53% der Gesamtheit der britischen Gewerkschaftsmitglieder repräsentierten, mit der Labour Party assoziiert. Vgl.: *Fisher* 1996: 68.

von den Gewerkschaften unabhängig zu werden"[316]. Schließlich verabschiedete der Parteitag im März 2014 mit 86 Prozent der Delegiertenstimmen eine von ihrem damaligen Vorsitzenden Edward Miliband betriebene Parteireform, die das Prinzip "One Member One Vote" (OMOV) umsetzte. Die Generalsekretäre aller großen Gewerkschaften stimmten der Trennung zu, stellten ihre Beitragszahlungen von zuletzt 2,7 Mio. GBP jedoch unmittelbar ein.[317] Nach dem Vorbild ihrer britischen Schwesterpartei bildet nach wie vor die Labour Party *Irlands* dort die einzige Ausnahme von dem Grundsatz der Individualmitgliedschaft für Parteien. Hier ist die kollektive Mitgliedschaft mehrerer Gewerkschaften über die Parteivereinigung „The Labour Trade Union Group" zwar weiterhin zugelassen, ihr Einfluss jedoch bereits seit Jahrzehnten satzungsrechtlich stark eingeschränkt.[318]

Zusammenfassend sind die Voraussetzungen der nationalen Parteien in der Europäischen Union zur Vermittlung demokratischer Legitimation aufgrund ihrer Mitgliedschaftstypologien positiv zu bewerten: Die bereits beobachtete Tendenz zur normativen Verankerung politischer Parteien in Verfassungen und Parteiengesetzen führte zu überwiegend identischen Reglungen innerhalb der EU. Dabei konnte zunächst zwischen zwei Modellen unterschieden werden: dem Fokus auf den einzelnen Bürger und der grundgesetzlichen Willensbildungsformel. Die 13 jüngeren und u. a. alle größeren kontinentaleuropäischen Mitgliedsländer haben dies ausnahmslos verfassungs- und/oder einfachrechtlich normiert. Als dritte Gruppe wurden Länder mit älteren Rechtsordnungen sowie traditionellen Verbindungen sozialdemokratischer Parteien zu Gewerkschaften untersucht und Defizite bei der Legitimationsvermittlung durch politische Parteien identifiziert. Allerdings wird diese Funktion dem Parteiensystem des Vereinigten Königreichs gar nicht zugesprochen (3.5) bzw. nimmt durch die Kollektive keinen maßgeblichen Schaden, da nur die Individualmitglieder stimmberechtigt sind (Schwedische Sozialdemokraten), das geringe Stimmengewicht der Kollektivmitglieder praktisch keine Entscheidungen beeinflussen kann (Dänische Sozialdemokraten, irische Labour Party) bzw. die Partei am Rande der Bedeutungslosigkeit operiert (Finnische Kommunisten).

Die Definitionen, wer Parteien angehören darf, sind nicht einheitlich geregelt, sondern in Spanien mit allen EU-Bürgern sehr weit und in den baltischen Staaten vergleichsweise restriktiv gefasst. Zusätzlich bestehen oftmals Beschränkungen für verschiedene, dem Staat besonders verbundene Berufsgruppen: Präsidenten, Verfassungsrichtern, Militärangehörigen und Beamten ist eine Parteimitgliedschaft in zahlreichen Ländern untersagt.[319] Innerhalb der einzelnen Länder gelten jedoch für alle Parteien die gleichen Vorgaben (mit Ausnahme weniger Minderheitenparteien). Für den

---

316 *Heemskerk* 2002; vgl. auch: *Ludlam/Taylor/Allender* 2002: 156 ff.
317 *Cowley/Kavanagh* 2015: 83.
318 Vgl.: *Irland Labour Party*: Internetseite; *Lagoni* 1973: 105; *Monath* 1998: 84; *Murphy* 1978: 296.
319 Die verfassungsrechtlichen Mitgliedschaftsverbote in politischen Parteien betreffen u. a. folgende Funktionen:

weiteren Untersuchungsverlauf ist zudem die Eigenheit des britischen Parteiensystems festzuhalten. Alle anderen Parteiendemokratien in der EU hingegen erfüllen *cum grano salis* die zweite Voraussetzung für die Vermittlung demokratischer Legitimation, weil sie die gleichberechtigte Partizipation aller Entscheidungsbetroffenen an der Entscheidungsbildung weitestgehend gewährleisten.[320]

3.3 Innerparteiliche Organisation und Personalrekrutierung

Die normativen Grundlagen und die soeben untersuchte Gleichheit aller Menschen einer politischen Ordnung (hier: der nationalen Parteien) sind zwar die Voraussetzungen für die demokratische Legitimation von Herrschaftssystemen. Diese wird jedoch dauerhaft erst durch die Anwendung festgeschriebener Verfahren gewährleistet. (1.3) Für nationale Parteiendemokratien bedeutet dies, dass die parteiinterne Organisation die demokratische Partizipation aller Mitglieder an Entscheidungen sicherstellen muss.[321] Von herausragender Bedeutung für die Legitimation der EU-Mitgliedstaaten wird dies dadurch, dass – mit Ausnahme des Vereinigten Königreichs – die Rekrutierung des politischen Führungspersonals eine der beiden Hauptfunktionen politischer Parteien ist. (2.4)

Das Gebot zur innerparteilichen Demokratie ist in zahlreichen EU-Ländern nahezu einheitlich normiert. Das *deutsche* Grundgesetz macht den politischen Parteien folgende Vorgabe: „Ihre innere Ordnung muß demokratischen Grundsätzen entsprechen." (Art. 21 Abs. 1)[322] Beinahe wortgleich bestimmen dies auch die Verfassungen von *Kroatien* (Art. 6 Abs. 2), *Polen* (Art. 11 Abs. 1), *Portugal* (Art. 10 Abs. 2),[323] *Rumä-*

Staatspräsident: *Bulgarien* Art. 95 Abs. 2; *Estland* § 84; *Kroatien* Art. 96 Abs. 2; *Litauen* Art. 83 Abs. 2; *Rumänien* Art. 84 Abs. 1;

(Verfassungs-)Richter: *Bulgarien* Art. 147 Abs. 5; *Litauen* Art. 113 Abs. 2; *Österreich* Art. 147 Abs. 4 (betr. nur Parteifunktionäre); *Polen* Art. 178 Abs. 3, Art. 195 Abs. 3; *Rumänien* Art. 40 Abs. 3; *Slowakei* Art. 145a Abs. 1, *Slowakei* Art. 137 Abs. 1; *Slowenien* Art. 166; *Spanien* Art. 127 Abs. 1; *Ungarn* Art. 24 Abs. 8;

Militär und Polizei: *Estland* § 125 (nur Militär); *Italien* Art. 98 Abs. 3 (nicht pauschal, aber i.V.m. einfachgesetzlichen Regelungen); *Litauen* Art. 141; *Rumänien* Art. 40 Abs. 3; *Slowenien* Art. 42 Abs. 4; *Ungarn* Art. 46 Abs. 5;

Staatsbeamte: *Bulgarien* Art. 116. Abs. 2; *Estland* § 30; *Italien* Art. 98 Abs. 3 (nicht pauschal, aber i.V.m. einfachgesetzlichen Regelungen); *Rumänien* Art. 40 Abs. 3; *Ungarn* Art. XXIII Abs. 8.

Ohne Mitgliedschaftsverbote auszusprechen, verpflichten mehrere Verfassungen Staatsbeamte auf eine unparteiische Amtsausübung (*Griechenland* Art. 29 Abs. 3; *Luxemburg* Art. 110 Abs. 2; *Portugal* Art. 269 Abs. 2).

320 Vgl. auch: *Morlok* 2013a: 189.

321 Vgl. auch: *Morlok* 2013b: 247.

322 Vgl. auch: *Bendel* 1998: 462.

323 Vgl. auch: *de Sousa* 1990: 615; *Tsatsos* 1988: 5.

nien (Art. 8 Abs. 2) und *Spanien* (Art. 6)[324] sowie die Parteiengesetze *Finnlands* (Art. 2 Abs. 2.2)[325], *Lettlands* (Art. 1), *Maltas* (Art. 3 Abs. 1), *Sloweniens* (Art. 1) und *Ungarns* (Präambel).

Implizit ist die demokratische Organisation der politischen Parteien auch in allen anderen Untersuchungsländern außer in dem Vereinigten Königreich anerkannt. Entweder wird die Bedeutung der Parteien als „Zwischenglieder bei der Ausübung der Volkssouveränität"[326] in Verfassungsbestimmungen postuliert oder resultiert indirekt aus dem Verhältniswahlrecht. (2.5)

In *Griechenland* impliziert die Verfassung ersteres, indem sie statuiert, dass „die Parteien dem freien Funktionieren der demokratischen Staatsordnung zu dienen haben" (Art. 29 Abs. 1)[327]; auch wenn sie – ebenso wie ihr *französisches* Pendant – keine ausdrückliche gesetzliche Anforderung an die innerparteiliche Struktur enthält. Aus Art. 4 der Verfassung von Frankreich, in dem den Parteien die Beachtung der Grundsätze der Volkssouveränität und der Demokratie vorgeschrieben wird, ist abzuleiten, dass auch hier die parteiinterne Personalauswahl demokratischen Anforderungen genügen muss.[328] Gemäß *Luxemburgs* Verfassungsnovelle von 2008 sind Parteien ebenfalls „Ausdruck des demokratischen Pluralismus" (Art. 32a).[329] *Zypern* leitet aus der Willensbildungsfunktion politischer Parteien deren verfassungskonforme Binnenorganisation ab: "The organization, structure and functioning thereof in relation to matters the government and the society are dealing with, shall be compatible with the legal framework provided for by the Constitution" (Parteiengesetz Art. 2). Ohne unmittelbar auf ihre interne Organisation einzugehen, verpflichtet auch das Parteiengesetz *Bulgariens* in Art. 2 Abs. 3 auf demokratische Verfahren und Methoden bei der Verfolgung parteipolitischer Ziele. Dem vergleichbar betont die *Tschechische Republik* in ihrem Verfassungsartikel 5 den freien Wettbewerb unter Parteien und deren demokratische Prinzipien. Sie stellt zudem die Trennung von Staat und Parteien in den Mittelpunkt (Parteiengesetz § 5 Abs. 1), worin sich noch die Ursprünge dieser Norm als tschechoslowakisches „Gesetz über politische Parteien und politische Bewegungen" aus dem Jahr 1990 widerspiegeln.

Vier weitere Länder fassen Parteien ebenfalls als Glieder zwischen Bürgern und Staat auf, womit gleichfalls demokratische Formen der Personalrekrutierung impliziert sind. In *Italien* spricht die Verfassung ihren Bürgern das Recht zur Politikgestaltung durch Teilnahme am demokratischen Prozess über politische Parteien zu

---

324 Vgl. auch: *Monath* 1998: 93; *Puente Egido* 1990: 666 ff.

325 Vgl. auch: *Hidén* 1985: 49; *Pesonen/Rantala* 1978: 146 ff; *Wagner* 1981: 157, 160, 163, 168, 170.

326 *Monath* 1998: 78.

327 Vgl.: *Katsoulis* 1978: 223 f.; *Papadimitriou* 1990: 279 f.; *Tsatsos* 1988: 5. Zur Kritik hinsichtlich oligarchischer Tendenzen in den griechischen Parteien vgl.: *Kassaras* 1983: 36 f.; *Kerameus/Kozyris* 1988: 29; *Papadimitriou* 1990: 275.

328 Vgl.: *Fromont* 1990: 234; *Kempf* 1975: 148; *Tsatsos* 1988: 5; *Tsatsos/Morlok* 1982: 13.

329 Vgl. zur früheren Situation: *Dadder* 1980: 201, 203; *Monath* 1998: 87 f.; *Tsatsos* 1988: 5.

(Art. 49).[330] Vergleichbar definiert das *litauische* Parteiengesetz die „Konzeption einer politischen Partei" in zwei Wirkungsrichtungen: „die politischen Interessen seiner Mitglieder zu vertreten und dabei mitzuwirken, den politischen Willen der Bürger der Republik Litauen auszudrücken" (Art. 2). Ersteres bestimmt auch das Parteiengesetz *Estlands*, macht jedoch ebenso wenig wie dessen Verfassung Vorgaben zur innerparteilichen Organisation; die Aufforderung zur Herrschaftsausübung in staatlichen und lokalen Regierungen (Art. 1 Abs. 1) setzt jedoch die Beachtung demokratischer Grundsätze voraus. Gleiches gilt für *Österreich*, nach dessen Parteiengesetz sind „[d]ie Existenz und die Vielfalt politischer Parteien [...] wesentliche Bestandteile der demokratischen Ordnung der Republik" (§ 1 Abs. 1). Auch in *Schweden* gilt dies, da die dortige Verfassung den politischen Parteien explizit Funktionen bei Wahlen zuschreibt (Regeringsformen Kap. 3 § 1).[331]

In zwei weiteren EU-Mitgliedsländern ist die Verpflichtung zur Beachtung demokratischer Verfahren bei der Binnenorganisation aus dem Vereinsrecht abzuleiten: Entsprechend der fehlenden rechtlichen Ausgestaltung der Parteienstellung existiert in den *Niederlanden* keinerlei spezifische normative Regelung, die eine demokratische Ordnung absichert. Allerdings ist „ein genügendes Maß an innerparteilicher Demokratie"[332] durch die Vorschriften gemäß NBW Art. 27 vorgeschrieben.[333] Ebenso haben alle *dänischen* Parteien aufgrund ihrer vereinsrechtlichen Stellung eine demokratische Organisationsform aufzuweisen.[334]

Aufgrund des Verhältniswahlrechts bilden auch die politischen Parteien in bisher unerwähnten Untersuchungsländern (außer dem Vereinigten Königreich) funktional und normativ die Verbindungsglieder zwischen den Bürgern und dem Staat. Um dessen demokratische Organisationsform nicht zu unterminieren, müssen sie nach einhelligem (Selbst-)Verständnis ebenfalls derartigen Anforderungen hinsichtlich ihrer Binnenstruktur genügen. Entsprechende Charakteristika sind in den internen Ent-

---

330 Die Herleitung des Grundsatzes der innerparteilichen Demokratie ist in Italien umstritten: Während sich eine Minderheit unmittelbar auf die Forderung in Verf. Art. 49 nach Mitwirkung an der Politik „in demokratischer Weise beruft", lehnt die ganz herrschende Ansicht dies aus historischen (Freiheit vor staatlicher Kontrolle), systematischen (Vergleich zu Verf. Art. 39 Abs. 3, der für die Gewerkschaften ausdrücklich eine demokratische innere Struktur fordert) und teleologischen Gründen (Zweck von Verf. Art. 49 ist es lediglich, die demokratische Methode für die nach außen gerichtete Arbeit vorzuschreiben) ab und leitet den Grundsatz innerparteilicher Demokratie von der Funktion der Parteien ab, die Volkssouveränität wirksam zu machen. Vgl.: *Lanchester* 1990: 408; *Monath* 1998: 86; *Tsatsos* 1988: 5.

331 Vgl.: *Monath* 1998: 98 f.; *Stjernquist* 1977: 324. In *Schweden* zwang Regeringsformen § 7 des dritten Kapitels („Der Reichstag") mit der Vorgabe, dass „die Mandate auf die Parteien verteilt werden", politisch engagierte Bürger in die Organisationsform der Parteien und schloss Einzelbewerber aus, bis 1994 in die Regeringsformen von 1974 die Möglichkeit eingeführt wurde, „besondere Personenstimmen abzugeben." *Schweden* Regeringsformen Kap. 3 § 1 Abs. 1, angefügt durch Gesetz Nr. 1469/1994.

332 *Monath* 1998: 89.

333 Vgl.: *Elzinga* 1990: 532.

334 Vgl.: *Monath* 1998: 75; *Thomas* 1999: 287 f.

scheidungsprozessen der Parteien in *Belgien*[335], *Irland*[336] und der *Slowakei*[337] nachweisbar. Auf der „grünen Insel" ist die Ausübung der Volkssouveränität durch die Parteien, trotz der Kollektivmitgliedschaft in der Labour Party, gewährleistet, da diese – wie alle übrigen irischen Parteien – regionale Untergliederungen besitzt und sich die Willensbildung durch gewählte Delegierte vom Individualmitglied bis hin zum nationalen Parteitag als höchstem Organ vollzieht; die Labour Party wurde mitunter sogar als die irische Partei bezeichnet, die „dem Ziel innerparteilicher Demokratie wohl am nächsten"[338] kommt. Die Parteien in der Slowakei müssen ebenfalls verfassungskonform (Art. 129 Abs. 4), d. h. aufgrund des Verhältniswahlrechts demokratisch organisiert sein und dementsprechend ihre Personalauswahl gestalten.

Nicht vorgeschrieben ist die demokratische Organisationsform politischer Parteien im *Vereinigten Königreich*. Bei seiner diesbezüglichen Untersuchung insbesondere der Labour Party kam Hagen Monath zu dem Schluss, dass „die britischen Parteien durch die Ausgestaltung der Kompetenzen des Parteitages bzw. die Zusammensetzung dieses Organs aufgrund der Möglichkeit einer Kollektivmitgliedschaft sich aus dem Grundsatz der Volkssouveränität ergebende wesentliche Anforderungen an die Ausgestaltung einer innerparteilichen Demokratie nicht erfüllen"[339]. Es müssen jedoch mehrere Aspekte berücksichtigt werden: Erstens ist die dortige Parteienlandschaft „von gewachsener gefestigter Stabilität gekennzeichnet"[340], die in Europa ihresgleichen sucht. Zweitens und hier entscheidend: "In all three main parties the responsibility for selecting candidates rests with the local party branches"[341], wo die Gewerkschaften kein Stimmrecht genießen. Drittens verfügen die Parlamentarier innerhalb ihrer Partei über ein größeres Gewicht als ihre Kollegen in den anderen 27 Ländern. Und *last but not least* ist das Regierungssystem des Vereinigten Königreichs (außer in Nordirland) nicht auf die Existenz politischer Parteien angewiesen. Vor dem Hintergrund dieser Argumente und den Erkenntnissen über die normativen Grundlagen und die Mitgliedschaftstypen ist dem britischen Parteiensystem eine „Sonderstellung"[342] zuzuschreiben.

Somit sind die nationalen Parteiensysteme der 28er-EU hinsichtlich ihrer binnendemokratischen Organisation entsprechend der vorgenommenen Gruppierung ihrer Mitgliedschaftstypen einzuteilen: Nach expliziten Vorschriften bzw. Implikationen in

---

335 Vgl.: *Suetens* 1990: 56 f.; *Tsatsos* 1988: 4.
336 Vgl.: *Berg-Schlosser* 1978: 156 ff.; *Dadder* 1980: 162, 166; *Kelly* 1990: 357; *Monath* 1998: 83 f.; *Ward* 1999: 537 f.
337 Vgl.: *Slowakei* Gesetz über politische Parteien und Bewegungen Art. 2.
338 *Berg-Schlosser* 1978: 158.
339 *Monath* 1998: 82.
340 *Pulch* 1987: 19; vgl. auch: *Niedermayer* 2013: 847.
341 *Birch* 1998: 119.
342 *Tsatsos* 1988: 4.

den Verfassungen oder indirekt über das Verhältniswahlrecht müssen die Parteien in 27 Staaten demokratisch organisiert sein. Dies ist in dem Vereinigten Königreich nicht erforderlich aufgrund der Sonderstellung der dortigen Parteien, der Nominierung von Parlamentskandidaten auf der lokalen Ebene und der Dominanz der Unterhausfraktionen gegenüber Parteitagen. Folglich erfüllen damit die untersuchten Parteiensysteme – sofern dies beabsichtigt ist – die festgehaltenen Voraussetzungen von (vor allem Volks-)Parteien zur Vermittlung demokratischer Legitimation. (2.4) Damit sind sie für die Wahrnehmung ihrer Hauptfunktion, der Personalrekrutierung, unter Legitimationsaspekten nutzbringend organisiert.

3.4 Willensbildung und Programmformulierung

Im bisherigen Verlauf dieses Kapitels sind die Grundlagen und – unter organisatorischen Aspekten – die Durchführung der bedeutsamsten Funktionsdeterminante von Parteien untersucht worden: die demokratische Auswahl des politischen Führungspersonals. Für programmatische Vorschriften gegenüber den ihnen angehörenden Amts- und Mandatsträgern sind die Parteien nach nahezu einhelliger Ansicht jedoch nicht ausreichend repräsentativ. In gerade diese Richtung zielt allerdings die Einordnung der Programmformulierung als zweite Hauptfunktion politischer Parteien. (2.4) Dahinter steht ihre Aufgabe, dem Volkswillen in den Staatsorganen Geltung zu verschaffen und somit zur Anerkennung des politischen Systems durch die Bevölkerung beizutragen. Um die diesbezügliche Befähigung der Parteien einschätzen zu können, ist nun der Frage nachzugehen, ob und wie die nationalen Rechtsordnungen die dortigen Parteien zur Herausbildung des Volkswillens und dessen Übertragung auf die staatliche Ebene anhalten.

In neun Ländern kommt den politischen Parteien dabei verfassungsgemäß eine herausragende Funktion zu. Um eine Verbindung zwischen dem Volk als Träger der Staatsgewalt und den die Staatsgewalt ausübenden Organen herzustellen, sollen die Parteien an der Bildung des politischen Willens des Volkes ausdrücklich mitwirken und ihn in die staatlichen Institutionen transferieren. Der *deutsche* Verfassungsgeber hat diese Bedeutung dadurch unterstrichen, dass er den bereits zitierten Parteienartikel 21 Abs. 1 mit dem Satz eröffnete: „Die Parteien wirken bei der politischen Willensbildung des Volkes mit." Nahezu wortgleich lauten Verfassungsbestimmungen von *Bulgarien* (Art. 11 Abs. 3), *Portugal* (Art. 10 Abs. 2),[343] *Rumänien* (Art. 8 Abs. 2), *Spanien* (Art. 6)[344] und *Ungarn* (Art. VIII Abs. 3). Ebenso beteiligen sich die Parteien in *Luxemburg* durch ihre Verwurzelung in der Gesellschaft an der Bildung des Volkswillens (Art. 32a) und üben „eine Mittlerrolle zwischen der Gesellschaft und

---

343 Vgl. auch: *Black* 1999: 905; *de Sousa* 1990: 609 f.; *de Sousa* 1993: 311 f.
344 Vgl. auch: *Puente Egido* 1990: 655.

den Staatsorganen"[345] aus. Mit abgewandelter Formulierung, aber gleicher Intention, heißt es in der Verfassung *Polens* (Art. 11 Abs. 1), dass politische Parteien die Politikformulierung des Staates mit demokratischen Mitteln beeinflussen sollen. In *Griechenland* wird insbesondere darauf abgestellt, dass die Parteien dem von ihnen mitgeformten Volkswillen in Wahrnehmung der ihnen zugesprochenen herausragenden Bedeutung bei der Parlamentswahl und Regierungsbildung im Parlament Geltung verschaffen sollen (Art. 37 Abs. 2, Art. 54 Abs. 3)[346].

Die im Verfassungsrecht der genannten Staaten vorgenommene Einordnung der politischen Parteien entspricht grundsätzlich der Ausgestaltung in den Parteiengesetzen elf weiterer EU-Mitglieder. Die funktionellen Regelungen in *Kroatien* (Art. 2), *Litauen* (Präambel), *Malta* (Art. 2), *Österreich* (§ 1 Abs. 2), *Slowenien* (Art. 1) und *Zypern* (Art. 2) sind denjenigen des GG Art. 21 nahezu identisch. Dem vergleichbar formuliert das Parteiengesetz *Estlands* (§ 1 Abs. 1) den Ausdruck der politischen Interessen seiner Mitglieder sowie Unterstützer und die Herrschaftsausübung als Parteienzweck. Nicht mit dem Fokus auf die Bürger oder Mitglieder, sondern die Parteien insgesamt definiert *Lettland* in seinem Parteiengesetz als deren Zwecke u. a. die Implementation ihres Programms in Abstimmung mit den Abgeordneten (Art. 2 Abs. 1). Dieses Parteienkonzept, wie der Gesetzesartikel überschrieben ist, greift die vorgenommene Einordnung der Programmformulierung als zweite Hauptfunktion politischer Parteien explizit auf und ist der polnischen Anlage vergleichbar. Auf die erste hingegen, die Personalrekrutierung, fokussiert das *tschechische* Parteiengesetz (§ 1 Abs. 1): Das Bürgerrecht zur Mitgliedschaft in einer politischen Partei nennt es zwar als generelle Möglichkeit zur Teilnahme am politischen Leben, sieht darin allerdings zuvorderst die personelle Bildung von Vertretungsorganen. Zur Programmformulierung wird lediglich abwehrend bestimmt, sie dürfe nicht die Moral, öffentliche Ordnung oder Bürgerrechte und Freiheiten gefährden (Parteiengesetz § 4d). Hier tritt der gemeinsame Ursprung mit dem *slowakischen* Parteiengesetz hervor, das Parteiprogramme zur Verfassungskonformität verpflichtet (§ 2). Die explizite Behandlung der Programmatik politischer Parteien in beiden Ländern lässt jedoch keinen Zweifel an einer diesbezüglichen Funktionsbestimmung durch den Gesetzgeber zu.

Außer im Vereinigten Königreich ist in allen übrigen Mitgliedstaaten der Europäischen Union – auch ohne normative Verankerung – die funktionalrechtliche Unabdingbarkeit politischer Parteien anerkannt. Ihnen kommt die gleiche Vermittlerfunktion wie in den insgesamt 20 soeben behandelten Staaten zu: Sie sollen die von ihnen mitgeformte Meinung des Souveräns kanalisieren und auf wenige entscheidungsfähige Alternativen reduzieren, so Lösungsmöglichkeiten für gesellschaftliche Probleme anbieten und diese in dem parlamentarischen Prozess umsetzen.

---

345 *Wivenes* 1990: 455.
346 Vgl. auch: *Kerameus/Kozyris* 1988: 28; *Papadimitriou* 1990: 274.

In *Belgien* wird in diesem Zusammenhang sogar positiv bewertet, dass die Parteien keine verfassungs- bzw. einfachgesetzliche Ausgestaltung erfahren haben, da auf diese Weise „eine unbeschränkte Freiheit von jeglicher staatlicher Reglementierung die Erfüllung der Transmissionsfunktion wesentlich erleichtere"[347]. Um dem in Art. 50 der Verfassung festgelegten Grundsatz der Volksrepräsentation Geltung zu verschaffen, projizieren die *niederländischen* Parteien den Volkswillen durch die Parlamentswahl auf die staatliche Ebene.[348] In gleicher Weise wird auch in *Italien* in funktionalrechtlicher Hinsicht ein enger Zusammenhang der Verfassungsbestimmungen über die Parteien (Art. 49) mit den Prinzipien der Volkssouveränität (Art. 1) und der Repräsentation (Art. 67) gesehen: Sie sollen als „Instrumente zur Verwirklichung der Souveränität"[349] die Mitwirkung der Bürger an der Politik ermöglichen, indem sie die politischen Interessen artikulieren und über die Parlamentswahl auf die staatliche Ebene transferieren.[350] Dazu ist dort das Recht aller Bürger, „sich frei zu Parteien zusammenzuschließen, um [...] bei der Bestimmung der nationalen Politik mitzuwirken" (Art. 49), festgehalten.

Desgleichen ist in *Dänemark* die demokratierechtliche Funktion der Parteien – den Volkswillen mitzuprägen, Interessen zu kanalisieren und diese über den Wahlakt des Souveräns auf die Staatsebene zu übertragen – allgemein anerkannt.[351] Auch in *Schweden* ist es Aufgabe der Parteien, aktiv die Volkswillensbildung zu beeinflussen.[352] Im Nachbarstaat *Finnland* wird aus dem Grundsatz der Volkssouveränität (Verf. § 2) die demokratierechtliche Funktion der Parteien im Rahmen der Ausübung der Souveränität durch das Volk rechtlich abgeleitet. Darüber hinaus ist durch das Monopol der Parteien bei der Kandidatennominierung und im Wahlkampf allgemein anerkannt, dass sie den Volkswillen auf die Staatsebene transferieren und ihm im Parlament und der Regierung Geltung verschaffen sollen.[353] In *Irland* ist die Stellung der Parteien zwar rechtlich nicht bestimmt, ihre Unabdingbarkeit jedoch unbestritten. Da die dortige Verfassung vornehmlich Elemente einer mittelbaren Demokratie enthält, wird wie in Finnland argumentiert, dass das Volk, will es seiner verfassungsrechtlich in Art. 6 Abs. 1 bestimmten Rolle als Souverän gerecht werden, auf Parteien als Vermittler angewiesen ist.[354]

Für die *französische* Verfassung war zu erfahren, dass Artikel 4 die Parteien in ähnlicher Weise wie das deutsche Grundgesetz behandelt. (3.1) Ihnen ist jedoch nicht die Aufgabe der Volkswillensbildung überantwortet worden. Auch wenn den franzö-

---

347 *Monath* 1998: 73; vgl. auch: *Tsatsos* 1988: 4.
348 Vgl.: *Elzinga* 1990: 519; *Monath* 1998: 88f.; *Tsatsos* 1988: 4.
349 *Trappe* 1969: 161.
350 Vgl.: *Cassandro* 1969: 50; *Lanchester* 1990: 389f.; *Trappe* 1969: 161f.
351 Vgl.: *Miller* 1991: 50; *Monath* 1998: 74f.; *Thomas* 1999: 288; *Vesterdorf* 1990: 101f.
352 Vgl.: *Kunz* 1978: 197.
353 Vgl.: *Farrell* 1999: 359f.; *Hidén* 1985: 48; *Monath* 1998: 95.
354 Vgl.: *Berg-Schlosser* 1978: 155; *Chubb* 1971: 88; *Monath* 1998: 83; *Kelly* 1990: 355f.

sischen Parteien lediglich „Hilfsfunktionen"[355] bei Wahlen zugeschrieben werden, ist unbestritten, dass sie eine Vermittlerrolle zwischen Volk und Staat ausüben. Dies hat der Gesetzgeber insbesondere dadurch unterstrichen, dass sie in systematischer Hinsicht von der Verfassung im Rahmen der Volkssouveränität behandelt werden. Die Parteien sollen funktional gesehen zudem die vorhandenen Meinungen aufnehmen und bündeln, Lösungsmöglichkeiten erarbeiten und diese über ihre Abgeordneten auf die staatliche Ebene transferieren.[356] Die Teilhabe an der Willensbildung ist seit dem 11. März 1988 auch mit einem *loi ordinaire* anerkannt.[357] Dennoch demonstriert gerade der Vergleich mit dem Grundgesetz die starke Position des französischen Präsidenten und die gleichzeitige Herabsetzung der „Bedeutung der parlamentarischen Bühne, auf der die Parteien handeln können"[358].

Aus dem nicht zuletzt in dem *Vereinigten Königreich* konstitutiven Prinzip der Volkssouveränität resultiert für die dortigen Parteien, dass sie – analog zur Argumentationslinie in den Benelux-Ländern, Italien und den nordischen EU-Mitgliedern – „die Ausübung der Staatsgewalt durch das Volk durch den Wahlakt mittels vorheriger Kanalisierung der gesellschaftlichen Meinungen und der Mitwirkung beim eigentlichen Wahlakt ermöglichen sollen"[359]. Korrespondierend zur britischen Doktrin der Parlamentssouveränität besitzen die dortigen Parteien eine „herausragende Stellung auf der Ebene der Staatswillensbildung"[360]. Dies ergibt sich aus der erörterten Funktion der britischen Parteien (3.2), in denen „das politische Gewicht [...] stets bei der Parlamentsfraktion bzw. deren Führungsspitze"[361] liegt.

Zusammenfassend ist die funktionalrechtliche Unabdingbarkeit der Parteien, den politischen Willen des Volkes zu bilden und auf die staatliche Ebene zu transferieren, in insgesamt 20 EU-Mitgliedsländern (einschließlich der Präsidialrepublik Zypern) verfassungs- bzw. einfachrechtlich verankert sowie in sieben weiteren zumindest allgemein anerkannt. Im Gegensatz dazu legt das britische Rechtssystem den Schwerpunkt nicht auf die Parteien, sondern auf die Parlamentsfraktionen. In Frankreich erfolgt die Einschränkung der Willensbildungsfunktion politischer Parteien durch die herausgehobene Rolle des Präsidenten, wodurch die Funktion der Personalrekrutierung gestärkt wird.

Der Programmformulierung ist unter den Parteifunktionen nicht nur theoretisch (2.4), sondern auch normativ ein hoher Stellenwert einzuräumen. Sie steht jedoch in allen Untersuchungsländern an zweiter Stelle hinter der Personalrekrutierung. So tragen die Parteien zwar zur Legitimation der Nationalstaaten bei, indem sie intern

---

355 *Monath* 1998: 76; vgl. auch: *Le Divellec* 2015: 29.
356 Vgl.: *Stefan* 1969: 139 ff.
357 Vgl.: *Fromont* 1990: 226.
358 *Hänsch* 1978: 159.
359 *Monath* 1998: 80; vgl. auch: *Ingle* 2000: 2; *Tsatsos* 1988: 4.
360 *Monath* 1998: 80; vgl. auch: *Smith* 1990: 309.
361 *Wende* 1981: 237; vgl. auch: *Hartmann* 1978: 244; *Smith* 1990: 322.

einen Interessenausgleich organisieren und in ihren Programmen Handlungsmög-
lichkeiten auf wenige Alternativen reduzieren, die den Bürgern als Grundlage für
Wahlentscheidungen vorgelegt werden. In keinem Land sind Parteien jedoch ausreichend repräsentativ konzipiert, um ihren Parlamentariern inhaltliche Vorgaben
machen zu können. Vielmehr ist das in diesem Abschnitt eingangs angesprochene
Spannungsverhältnis zwischen der Willensbildungsfunktion politischer Parteien
und deren unzureichender Repräsentation in dem bereits erwähnten Parteiengesetz
Lettlands musterhaft herausgestellt: Parteiprogramme sollen in Abstimmung mit
den Abgeordneten implementiert werden (Art. 2 Abs. 1).

3.5 Politikgestaltung durch Regierungsparteien

Der – allgemein anerkannten – Definition von Max Weber folgend, streben politische
Parteien danach, „ihren Leitern innerhalb eines Verbandes Macht [zuzuwenden und
die] Durchsetzung von sachlichen Zielen"[362] zu erreichen. (2.2) Diese Besonderheit ist
durch die Verpflichtung der politischen Parteien zur Verfassungskonformität bzw.
Demokratie in den meisten Ländern normativ verankert: In elf EU-Mitgliedstaaten
bestimmen die Verfassungen, dass Parteien nicht gegen sie verstoßen dürfen (Bulga-
rien Art. 149 Abs. 1; Deutschland Art. 21 Abs. 2; Estland § 48 Abs. 3; Kroatien Art. 6
Abs. 2; Litauen Art. 35 Abs. 1; Polen Art. 13; Portugal Art. 223e; Rumänien Art. 146;
Slowakei Art. 129 Abs. 4; Slowenien Art. 160 Abs. 1; Tschechische Republik Art. 87
Abs. 1). Die Verfassungen vier weiterer Ländern schreiben politischen Parteien die
Einhaltung demokratischer Grundsätze vor (Frankreich Art. 4 Abs. 1; Griechenland
Art. 29 Abs. 1; Italien Art. 49; Spanien Art. 6). Dies gilt auch für Luxemburg, wo die
Parteien „Ausdruck des demokratischen Pluralismus" (Art. 32a) sind. Vergleichbare
Bestimmungen finden sich in den Parteiengesetzen Finnlands (Art. 2 Abs. 1), Lett-
lands (Art. 1), Maltas (Teil I Art. 3), Österreichs (§ 1), Ungarns (Präambel) und Zyperns
(Art. 2). Die sechs EU-Mitgliedsländer ohne vergleichbare Auflagen an politische
Parteien enthalten hingegen naturgemäß auch keine entsprechenden Demokratie-
bzw. Verfassungsverpflichtungen (das administrative Parteiengesetz des Vereinigten
Königreichs, Schwedens Verfassung mit lediglich wahlrechtlichen Bestimmungen zu
Parteien sowie Belgien, Dänemark, Irland und die Niederlande ohne verfassungs-
oder einfachrechtliche Parteinormen).

In parlamentarischen Demokratien können Parteien in der Regel nur dann die
von Weber benannten und in den beiden vorstehenden Abschnitten behandelten
Hauptfunktionen wahrnehmen, wenn sie (alleine oder in Koalition mit anderen) über
die Mehrheit der Mandate verfügen.[363] Da sie aus diesem Grund nach ihrer Regie-

---

362 *Weber* 1976: 167.
363 Vgl.: *Stentzel* 2002: 119.

rungs- und Oppositionszugehörigkeit zu unterscheiden sind, werden letztere vorüber-
gehend (für 3.6) aufgespart und hier nur erstere hinsichtlich ihrer Möglichkeiten zur
Politikgestaltung untersucht. Nachdem in diesem Kapitel bislang lediglich Funktionsdeterminanten der Parteien selber betrachtet worden sind, wird nun ihren eigenen
bzw. den Möglichkeiten ihrer Fraktionen zur Politikgestaltung mittels der parlamentarischen Funktionen der Regierungsbildung und Gesetzgebung (1.3) nachzugehen
sein.

Zunächst ist jedoch auf zwei verschiedene funktionale Schwerpunkte der nationalstaatlichen Parteiensysteme in der Europäischen Union aufmerksam zu machen:
Der Herausbildung des Volkswillens und dessen Transfer in die staatlichen Institutionen in 27 Mitgliedsländern steht die Regierungsfunktion im *Vereinigten Königreich*
gegenüber, wo der Monarch den „Parteiführer zum Premier ernennen muß, dessen
Partei bei den Wahlen die absolute Mehrheit im Unterhaus gewonnen hat"[364]. Das
dortige Parteiensystem ist weniger auf die Repräsentation des Volkswillens als auf die
Ausübung der Staatsgewalt durch Vertreter des Souveräns ausgerichtet.[365] Dem-
gegenüber sehen die Rechtsordnungen der übrigen Untersuchungsländer in der Willensbildung durch personelle und programmatische Entscheidungen die Hauptfunktion politischer Parteien. (3.4)

Bei der *Regierungsbildung* schreiben vier Verfassungen Parteien explizit eine
Beteiligung an der politisch bedeutendsten Personalentscheidung im Staat zu:[366]
Zum Premierminister *Bulgariens* soll dessen Präsident den Kandidaten der Partei mit
der höchsten Anzahl an Sitzen in der Nationalversammlung ernennen (Art. 99
Abs. 1). In *Griechenland* wird gemäß Verfassungsartikel 37 Abs. 2 zum Ministerpräsidenten des Landes „der Vorsitzende der Partei ernannt, die im Parlament über
die absolute Mehrheit der Sitze verfügt" bzw. diese mittels einer Koalition erreicht. Gemäß der *portugiesischen* Verfassung wird der dortige Ministerpräsident
„vom Präsidenten der Republik nach Anhörung der in der Versammlung der Republik vertretenen Parteien und bei Berücksichtigung des Wahlergebnisses ernannt"
(Art. 187 Abs. 1). Der Staatspräsident *Rumäniens* designiert den dortigen Premierminister nach Beratungen mit den im Parlament vertretenen Parteien bzw. gegebenenfalls der Partei mit der absoluten Mehrheit der Mandate (Verf. Art. 103 Abs. 1).
Auch wenn *de facto* die Regierungsbildung in fast allen Mitgliedstaaten der Europäischen Union nach vergleichbaren Verfahren erfolgt, bleibt die diesbezügliche
Rolle der politischen Parteien in den anderen Verfassungsdokumenten unerwähnt.
Dadurch wird die Stellung der Fraktionen gegenüber ihren Parteien tendenziell

---

364 *Meyn* 1975: 36. Aus diesem Grund werden die Parteiführer auch von den Unterhausfraktionen
gewählt. „An diesem Vorgang, der auch dem demokratischen Legitimationsprinzip entspricht, hat sich
der Monarch bei der Ausübung seines Prärogativrechts grundsätzlich zu halten." A. a. O.: 37.
365 Vgl.: *Monath* 1998: 80; *Smith* 1990: 309.
366 Vgl.: *Monath* 1998: 77 f.; *Tsatsos/Morlok* 1982: 14.

aufgewertet, weil letztlich nur die Parlamentarier über die Zusammensetzung der Regierung entscheiden.

In den Republiken *Deutschland* (GG Art. 63 Abs. 1, Art. 64 Abs. 1), *Finnland* (Verf. § 61 Abs. 1), *Italien* (Verf. Art. 94) und *Ungarn* (Verf. Art. 16 Abs. 3) wird der Regierungschef auf Vorschlag der Staatspräsidenten von der absoluten Mehrheit der Abgeordneten gewählt (in Italien zusätzlich der Senatoren; Verf. Art. 94). Anschließend benennt er die übrigen Kabinettsmitglieder. Das gleiche Verfahren findet in zwei konstitutionellen Monarchien Anwendung, wobei die Funktion des Staatspräsidenten in *Schweden* vom Reichstagspräsidenten übernommen wird (Regeringsformen Kap. 6 §§ 1, 2, 6), während der *spanische* König dem dortigen Kongress einen Kandidaten für das höchste Regierungsamt vorschlägt (Verf. Art. 99 Abs. 1–3, Art. 100).

In sechs weiteren Staaten wird die Regierung nach dem grundsätzlich gleichen Verfahren gebildet, wenngleich einzelne Minister nicht gegen den Willen des Parlaments ihr Amt ausüben können: Dies ist in *Dänemark* der Fall, wo der König das Vorschlagsrecht für den Premierminister besitzt (Verf. § 14, § 15 Abs. 1). In *Estland* (Verf. § 89), *Litauen* (Verf. Art. 92), *Kroatien* (Verf. Art. 110), *Polen* (Verf. Art. 154 Abs. 2), der *Slowakei* (Verf. Art. 113) und der *Tschechischen Republik* (Verf. Art. 68 Abs. 2, 3) muss der Ministerpräsidentenkandidat die Zusammensetzung seiner künftigen Regierung dem Parlament vorstellen. Der *lettische* Ministerpräsident und seine Minister bedürfen zu ihrer Amtsführung dem Vertrauen des Seimas (Verf. Art. 59), auch der *österreichische* Nationalrat (Verf. Art. 70 Abs. 1, Art. 74 Abs. 1) und die *slowenische* Nationalversammlung (Verf. Art. 111 f.) stimmen über alle Regierungsmitglieder ab.

Eine Eigenart parlamentarischer Monarchien, deren Verfassungen in ihren wesentlichen Bestimmungen aus der Mitte des 19. Jahrhunderts stammen, findet sich bis heute in den Vorschriften der Benelux-Staaten zur Regierungsbildung. In diesen Ländern besitzt das Staatsoberhaupt noch eigenen Ermessensspielraum bezüglich der Regierungsbildung, der allerdings üblicherweise nur in Konformität mit Wahlergebnissen ausgenutzt wird. Der König bzw. Großherzog ernennt die Mitglieder der Regierung auf Vorschlag eines Formateurs, nachdem sich eine Koalition konkretisiert hat. Dieser Ernennung folgt die Regierungserklärung des Ministerpräsidenten im Parlament, woraufhin er um das Vertrauen der Abgeordneten ersuchen muss. Die Verfassungen *Luxemburgs* (Art. 77) und der *Niederlande* (Art. 42 Abs. 2, Art. 43) beschränken sich in diesem Zusammenhang auf die Bestimmung, dass der Monarch die Mitglieder der Regierung ernennt und entlässt. Zusätzlich zu diesem auch in *Belgien* normierten Verfahren regelt die dortige Verfassung überdies Details der Entlassung einer Föderalregierung (Art. 96 Abs. 1, 2; Abschnitt 3.6).

Dieser Tradition vergleichbar ist das angelsächsisch geprägte Regierungssystem *Maltas*: Dort wird vom Präsidenten bestimmt, als "Prime Minister the member of the House of Representatives who, in his judgment, is best able to command the support of a majority of the members of that House" (Malta Verf. Art. 80). Die Minister wiederum werden auf Vorschlag des Premierministers gleichfalls vom Staatspräsidenten berufen.[367] In dem ebenso von seinem großen Nachbarstaat geprägten *Irland* wird der Regierungschef („Taoiseach") zwar auch vom Staatsoberhaupt ernannt, anschließend kann er jedoch nur mit Zustimmung des Dáil Éireann (der Parlamentskammer, dessen Mitglieder Wahlkreise vertreten) die Minister bestellen (Verf. Art. 13 Abs. 1, Art. 16 Abs. 2). Hierin spiegelt sich die Verwandtschaft mit dem britischen Rechtssystem wider: Die Legitimation der Regierungsmitglieder durch die in Wahlkreisen direkt legitimierten Abgeordneten ist der Regierungsfunktion der Parteien durch die Ausübung der Staatsgewalt mittels der gewählten Vertreter des Souveräns im Vereinigten Königreich entlehnt.

Zwei EU-Mitgliedstaaten sind bisher nicht behandelt worden, da ihren Exekutiven direkt gewählte Präsidenten vorstehen: Der *französische* Staatspräsident geht aus zwei Wahlgängen hervor, sofern im ersten kein Kandidat die absolute Stimmenmehrheit auf sich vereinigen kann. Er bestimmt den Premierminister, auf dessen Vorschlag auch die übrigen Minister ernannt und entlassen werden. Den Vorsitz im Ministerrat führt der Präsident (Verf. Art. 7–9). In der Republik *Zypern* spiegelt sich die Machtteilung zwischen der griechischen und türkischen Bevölkerung auch auf der obersten Regierungsebene wider: Der griechische Präsident und sein türkischer Stellvertreter werden direkt, aber durch die jeweiligen Volksgruppen getrennt gewählt (Verf. Art. 39 Abs. 1). Sie üben die Regierungsmacht gemeinsam aus, wobei sieben griechische und drei türkische Minister dem Kabinett angehören (Verf. Art. 46).

Wie bereits mehrfach angesprochen, kommt politischen Parteien nach der Personalrekrutierung die Programmformulierung als zweite Hauptfunktion zu und damit wiederum die materielle Politikgestaltung. Diese erfolgt in erster Linie über die *Gesetzgebung* durch die Mehrheitsfraktion(en)[368] und betrifft insbesondere „das Budgetrecht und das Recht, völkerrechtliche Verträge zu ratifizieren"[369]. Mit der Ausübung dieser zentralen Parlamentsfunktion (1.3) erfolgt die Legitimation der Regierungssysteme in allen EU-Mitgliedsländern „durch Repräsentation des politischen

367 Vgl.: *Bestler/Waschkuhn* 2009: 876.
368 Das Mehrheitsprinzip ist in allen 28 Untersuchungsländern u.a. für die Wahl der Regierung verfassungsrechtlich verankert. Vgl.: *Belgien* Art. 96; *Dänemark* Art. 14, Art. 15 Abs. 1; *Deutschland* Art. 63 Abs. 2; *Finnland* § 61 Abs. 1; *Frankreich* Art. 7, Art. 49 (Misstrauensvotum gegen den Premierminister, der vom Präsidenten gemäß Art. 8 ernannt wird); *Griechenland* Art. 37 Abs. 2; *Irland* Art. 13 Abs. 1, Art. 13 Abs. 2; *Italien* Art. 92, 94; *Luxemburg* Art. 77; *Niederlande* Art. 42 Abs. 2, Art. 43; *Österreich* Art. 70 Abs. 1, Art. 74 Abs. 1; *Portugal* Art. 166 e, Art. 190 Abs. 1, Art. 195 Abs. 4; *Schweden* Regeringsformen Kap. 6 § 2 Abs. 2; *Spanien* Art. 99 Abs. 3; *Vereinigtes Königreich:* "[...] the House of Lords, like the House of Commons, determines its own rules of procedure." *Jennings* 1960: 66f. "The constitution of the House of Commons is in part determined by statute, though this is a modern innovation dating from 1832; the qualifications of its members and its methods of operation are determined by the House of Commons itself." *Jennings* 1960: 70. Vgl. zu den diesbezüglichen Abstimmungsverfahren nach dem Mehrheitsprinzip: *Bagehot* 1971: 136.
369 *Lenz/Ruchlak* 2001: 162.

Willens des Volkes"[370]. *Expressis verbis* hat diese Funktionen nur die kroatische Verfassung festgeschrieben: Über die allgemeine Willensbildung hinaus ist dort die programmatische Politikgestaltung durch die Regierungsparteien dadurch bestimmt, dass sie über ihre Fraktionen Gesetze einbringen (Art. 85). Auf diese Weise sorgen sie „für eine stetige Verbindung zwischen dem Volkswillen und dem von den Organen gebildeten Staatswillen [..., womit sie] auch zwischen den Wahlen den Kontakt zwischen beiden Ebenen aufrechterhalten"[371]. Unter der Regierungsfunktion der politischen Parteien ist aber auch in den anderen EU-Mitgliedstaaten die Fähigkeit zu verstehen, „ein Regierungsprogramm zu formulieren und dieses über die Bildung einer [absoluten] parlamentarischen Mehrheit und die Besetzung von Regierungs-ämtern in politische Entscheidungen umzusetzen"[372].

Die Untersuchung der Politikgestaltung durch Regierungsparteien in der EU hat für die politischen Parteien einen maßgeblichen Unterschied zwischen den Regierungssystemen herauskristallisiert: Im Rahmen der Regierungsbildung weisen die Verfassungen Bulgariens, Griechenlands, Portugals und Rumäniens den Parteien die zentrale Rolle explizit zu; gleiches gilt faktisch auch in 22 weiteren Ländern, da sich die von Parteien nominierten Abgeordneten nach ihrer Wahl (nahezu ausnahmslos) in Fraktionen zusammenschließen, die Regierung wählen und an der Gesetzgebung mitwirken. Weil die wahlrechtlichen Vorschriften aller Mitgliedstaaten über die Verteilung der Wählerstimmen demokratisch legitimiertes Regieren gewährleisten (2.5), kann die Bestimmung der Parlamente „als Legitimation durch Repräsentation beschrieben werden"[373]. Allerdings hat Karlheinz Niclauß auf die Frage hingewiesen, dass die angeblich so eindeutige *volonté générale* offen bleibt, „wenn nach einer Wahl mehrere Koalitionsmöglichkeiten bestehen"[374]. Diese Frage kann sich in zwei Ländern nicht stellen, da die Bürger die zentrale exekutive Personalentscheidung treffen: In den beiden Präsidialrepubliken Frankreich und Zypern nominieren zwar auch Parteien die Kandidaten für das höchste Staatsamt. Es entscheiden jedoch nicht die Parlamentarier über die bedeutungsvollste Regierungsfunktion.

Zudem sind die unterschiedlichen Verfahren der Regierungsbildung festzuhalten. Sie unterscheiden sich hinsichtlich der Nominierung (in der Regel durch das Staatsoberhaupt) sowie der Wahl des Regierungschefs und seiner Minister. Ersterer kann sein Kabinett überwiegend frei berufen, letztere müssen sich jedoch in sechs EU-Mitgliedstaaten dem parlamentarischen Zustimmungsvotum stellen. Dies gilt auch für ihre Kollegen – die Kommissare – der Europäischen Union.

370 *Lenz/Ruchlak* 2001: 162.
371 *Monath* 1998: 98.
372 *Stentzel* 2002: 119.
373 *Schüttemeyer* 1998: 451.
374 *Niclauß* 2002: 26.

3.6 Kontrolle durch Oppositionsparteien

Englische Staatswissenschaftler haben im 17. Jahrhundert die Ansicht entwickelt, dass die Entscheidungsträger eines demokratisch legitimierten Systems ihre Herrschaft nicht alleine auf Wahlen stützen können, sondern eine permanente Rückbindung an den Souverän aufrechterhalten werden muss. (1.3) Als demokratische Repräsentanten sollen Parlamentarier die Regierung fortlaufend kontrollieren.[375] Während die Funktionen der Personalrekrutierung (durch die Wahl der Regierung) und Programmformulierung (durch die Gesetzgebung) regelmäßig von den Regierungsparteien bzw. ihren Fraktionen wahrgenommen werden (3.5), fällt die dritte essenzielle Parlamentskompetenz in den Aufgabenbereich der Opposition: die Kontrolle der Exekutiven.[376] Kontrollfunktionen besitzen darüber hinaus die hier ebenfalls anzusprechende Judikative und die Medien.

Aufgrund ihres Verhältnisses zur Exekutiven wurden die Abgeordneten im vorherigen Abschnitt in zwei Gruppen geteilt: Während (in der Regel) die Mehrheit von ihnen die Regierung gewählt hat und diese durch die Gesetzgebung unterstützt, ist es (zumeist) die Aufgabe der Opposition, „Kritik, Kontrolle und Alternative innerhalb des bestehenden Herrschaftssystems"[377] auszuüben. Um diese Funktionen wahrnehmen zu können, zielen die Kontrollmöglichkeiten parallel zur Herrschaftsausübung in zwei Richtungen: auf personelle und programmatische Entscheidungen.

In *personeller Hinsicht* ist die oberste Sanktionsmöglichkeit der Abgeordneten in parlamentarischen Demokratien das Institut des Misstrauensvotums gegenüber der Exekutiven. Diese kann von der Mehrheit der Parlamentarier während einer Legislaturperiode aus ihrem Amt abgewählt werden. Die in fast allen Verfassungsdokumenten der EU-Mitgliedstaaten geregelten Verfahren unterscheiden sich hauptsächlich durch zwei unterschiedlich kombinierte Elemente: die abwählbaren Personen und die Art ihrer Abwahl (konstruktives oder destruktives Misstrauensvotum).

Durch die Wahl eines neuen Ministerpräsidenten bzw. Bundeskanzlers, also eine „konstruktive" Abwahl, können die Parlamente in *Belgien* (Verf. Art. 96 Abs. 2), *Deutschland* (GG Art. 67 Abs. 1) und *Ungarn* (Verf. Art. 20 Abs. 2b) der Regierung das Misstrauen aussprechen. Dies gilt auch für *Österreich* (Verf. Art. 74 Abs. 1), *Polen* (Verf. Art. 158 Abs. 1, Art. 159 Abs. 1) und *Slowenien* (Verf. Art. 116h), wo entsprechend der Zustimmungspflicht für alle Kabinettsmitglieder (3.5) die Parlamentarier allerdings auch die Möglichkeit haben, nur einzelne Minister ihres Amtes zu entheben.

Gemäß der jeweiligen Verfassung können die nationalen Parlamente in *Dänemark* (Art. 15 Abs. 2), *Estland* (§ 97 Abs. 13), *Finnland* (Art. 64 Abs. 2), *Irland* (Art. 28 Abs. 10f.), *Italien* (jede Kammer für sich; Art. 94), *Kroatien* (Art. 116), *Lettland*

375 Vgl.: *Schüttemeyer* 1998: 450.
376 Vgl.: *von Alemann* 2001: 345; *Holtmann* 2000: 441; *Lenz/Ruchlak* 2001: 162; *Pfahlberg/Weixner* 1995: 170.
377 *Schüttemeyer* 1998: 442; vgl. auch: *Stentzel* 2002: 120.

(Art. 59), *Litauen* (Art. 101), *Malta* (Art. 81 Abs. 1), *Portugal* (Art. 195 Abs. 1f.), *Rumänien* (Art. 112 Abs. 1), *Schweden* (Regeringsformen Kap. 6 § 7), der *Slowakei* (Art. 114 Abs. 1) und der *Tschechischen Republik* (Art. 72) den Regierungschef auch ohne die Wahl eines Nachfolgers des Amtes entheben. Dieser wird erst danach durch das Parlament oder infolge von Neuwahlen bestimmt. Auch die Verfassung von *Griechenland* sieht die Möglichkeit zum destruktiven Misstrauensvotum vor (Art. 84 Abs. 2); darüber hinaus legt sie als einzige innerhalb der EU explizit die Mitwirkung der Parteien in wichtigen Institutionen der parlamentarischen Kontrolle und der gesetzgeberischen Tätigkeit fest (Art. 68 Abs. 3, Art. 73 Abs. 4, Art. 76 Abs. 4).[378] In dem *Vereinigten Königreich* kann das Unterhaus ebenfalls mit der Mehrheit seiner Mitglieder dem Premierminister während einer Legislaturperiode das Misstrauen aussprechen. Daraufhin muss er „entweder eine Auflösung des Parlaments mit anschließender Neuwahl verlangen oder das Kabinett muß zurücktreten"[379]. Die Bedeutung der parlamentarischen Kontrolle der Regierung ist darüber hinaus in dem "Ministers of the Crown Act" aus dem Jahr 1937 dadurch unterstrichen worden, dass dem Oppositionsführer (stets der Vorsitzende der zweitgrößten Partei im Unterhaus) als Gegenspieler des Regierungschefs ein Gehalt zugebilligt wurde.[380]

Ebenso wie in Österreich, Polen und auch Griechenland verfügen die nationalen Parlamente in den nordischen sowie in fünf osteuropäischen EU-Mitgliedsländern zudem über die Kompetenz, einzelnen Ministern ihr Misstrauen auszusprechen. (Wenn sie dies gegenüber dem Ministerpräsidenten tun, ist die gesamte Regierung abgewählt.) Nicht zufällig besaßen gerade die Abgeordneten in Nordeuropa als erste diese individuelle Kontrollmöglichkeit über die Exekutive: Das Demokratieverständnis in Dänemark, Finnland und Schweden[381] ist stärker als im Süden an der Einzelverantwortung des Menschen und transparenten Entscheidungen orientiert. Auf der europäischen Ebene führte diese Auffassung zur Formulierung des Subsidiaritätsprinzips und war Vorbild bei den Verfassungsberatungen in fünf weiteren (neben Polen) osteuropäischen Ländern: Einzelne Minister können auch von den Parlamenten in Estland (§ 97 Abs. 13), Kroatien (Art. 116), Litauen (Art. 101), Lettland (Art. 59) und der Slowakei (Art. 116 Abs. 3) amtsenthoben werden.

Luxemburg[382] und die *Niederlande*[383] hingegen kennen den Mechanismus eines Misstrauensvotums in der bisher beschriebenen Form nicht: Die Regierung kann zwar

---

378 Vgl. auch: *Monath* 1998: 77 f.; *Tsatsos/Morlok* 1982: 14.

379 *Meyn* 1975: 39 f.; vgl. auch: *Jennings* 1960: 18. Vgl. zu den Nachteilen eines Zweiparteiensystems im Bereich der parlamentarischen Kontrolle: *Jennings* 1960: 183 f.

380 Vgl.: *Philipps/Jackson* 1978: 28.

381 S. Verfassungsartikel im vorherigen Absatz; vgl. auch: *Vesterdorf* 1990: 141.

382 Vgl.: *Luxemburg* Verf. Art. 78: „Die Mitglieder der Regierung sind verantwortlich." Verf. Art. 82 Abs. 1: „Die Kammer hat das Recht, die Mitglieder der Regierung anzuklagen."

383 Vgl.: *Niederlande* Verf. Art. 43: „Der Ministerpräsident und die übrigen Minister werden mit Königlichem Erlaß ernannt und entlassen."

ihre Mehrheit verlieren, ist deswegen aber nicht sofort ihres Amtes enthoben. Dafür müsste sie gegenüber dem Monarchen zurücktreten, da sie nur ihm gegenüber rechenschaftspflichtig ist. Eine Parlamentsniederlage ist deswegen rechtlich folgenlos, wenn die Regierung eine neue Mehrheit gewinnt oder minoritär weiterregieren kann. Politisch wurden in der Vergangenheit jedoch nach einem erfolgreichen Misstrauensvotum von der Öffentlichkeit Neuwahlen erwartet.[384]

Nachdem im vorherigen Abschnitt die Hauptfiguren der Exekutiven betrachtet worden sind, müssen diese nun auch Gegenstand der Untersuchung der Kontrollfunktionen sein. Für die beiden Präsidialsysteme in der EU bedeutet dies, dass die Möglichkeiten zur Amtsenthebung der Präsidenten vor regulären Wahlen zu ergründen sind. In *Frankreich* kann eine Absetzung des Staatspräsidenten vom Parlament ausgesprochen werden; es tritt als „Hoher Gerichtshof" unter dem Vorsitz des Präsidenten der Nationalversammlung zusammen, wenn eine der Parlamentskammern dessen Einberufung beschließt (Verf. Titel IX Art. 67 f.). Der Präsident und der Vizepräsident der Republik *Zypern* können nicht abgewählt, sondern nur wegen Hochverrats vor dem Verfassungsgericht angeklagt werden, sofern das Abgeordnetenhaus einen diesbezüglichen Beschluss mit Dreiviertelmehrheit verabschiedet (Verf. Art. 45 Abs. 2).

In allen EU-Mitgliedstaaten bringen die Kompetenzen der nationalstaatlichen Parlamente im Bereich der Regierungsbildung und -kontrolle die Fraktionen innerhalb der Parteiensysteme in eine einzigartige Stellung. (2.1) Die Parteien selbst verfügen jedoch nicht über vergleichbar machtvolle Instrumente zur Kontrolle „ihrer"[385] Amts- und Mandatsträger: Die höchsten Normen aller EU-Mitgliedstaaten betonen die Freiheit der vom Volk gewählten Repräsentanten[386] und deren Verpflichtung gegenüber dem gesamten Volk;[387] die spanische Verfassung verbietet sogar explizit ein

---

384 Dies geschah zuletzt in der luxemburgischen „Geheimdienstaffäre" 2013; vgl.: *Die Zeit*, 10.07.2013.
385 Um „ihre" Amts- und Mandatsträger handelt es sich nur bedingt, da die Parteien zwar die Vorauswahl getroffen haben. Letztlich aber bevollmächtigt das Volk durch den Wahlakt seine Repräsentanten.
386 Am stärksten ist die Betonung des freien Mandats durch „die Klausel, die das ‚freie Gewissen' erwähnt, in Ländern, die – nicht zufälligerweise – evangelisch-lutherisch geprägt wurden (*Dänemark* Riges Grundlov (Verf.) Art. 38, 56). Der Kalvinismus neigt viel mehr zur Betonung der ‚Einsamkeit des Gewissens' als das Luthertum. Das Gewissen wurde daher in den angelsächsischen Ländern weit stärker sozialbedingt verstanden, und die Repräsentationsideen übersahen die interessenbedingten Komponenten des Gewissens weniger als in Mitteleuropa." *Von Beyme* 1984: 375.
387 Vgl. Verfassungen: *Belgien* Art. 42; *Bulgarien* Art. 67 Abs. 1; *Dänemark* § 56; *Deutschland* Art. 38. Abs. 1; *Estland* § 56; *Finnland* § 29; *Frankreich* Art. 26; *Griechenland* Art. 52; *Italien* Art. 67; *Kroatien* Art. 1; *Lettland* Art. 5; *Litauen* Art. 4; *Luxemburg* Art. 50; *Malta* Art. 124 Abs. 1; *Niederlande* Art. 67 Abs. 3; *Österreich* Art. 56 Abs. 1; *Polen* Art. 4 Abs. 2; *Portugal* Art. 147; *Rumänien* Art. 58 Abs. 1; *Slowakei* Art. 73 Abs. 2; *Slowenien* Art. 82; *Spanien* Art. 66 Abs. 1; *Tschechische Republik* Art. 23 Abs. 3; *Ungarn* Art. B Abs. 4; *Vereinigtes Königreich* "Representation of the People Act" – bereits im Titel der Wahlgesetze seit 1867 (zuletzt im Jahr 2000 novelliert) ist die Volksvertretung durch die Abgeordneten

imperatives Mandat (Art. 67 Abs. 2; Abschnitt 2.4). Während der Legislaturperioden wird die Rückbindung der Gewählten an die innerparteiliche Willensbildung jedoch durch regelmäßige Sitzungen der Parteiorgane aufrechterhalten. Auf Vorstandssitzungen und Parteitagen stehen Abgeordnete im permanenten Meinungsaustausch, wobei das Wiederwahlinteresse[388] politische Entscheidungen grundsätzlich auch an den politischen Legitimationskreislauf bindet. Über diesen Weg findet eine indirekte Kontrolle der Abgeordneten durch ihre Parteien statt.

Damit ist der zweite Handlungsbereich der Exekutiven angesprochen, der ebenfalls der parlamentarischen Kontrolle unterliegt: die *programmatische Politikgestaltung*. Die Mitglieder der Regierung stimmen sich in der Regel mit ihren Parteien und Fraktionen über Gesetzesvorhaben ab und vergewissern sich der notwendigen Mehrheiten vor Parlamentsvoten. Die inhaltliche Kontrolle findet auf diesem Wege einerseits durch die Regierungsparteien aufgrund von Beratungen der Exekutiven mit den sie tragenden Parteien statt. Legitimation gewinnen die Entscheidungen andererseits auch durch die Aufgabe der Oppositionsparteien, „die (noch) kaum berücksichtigten Interessen in einem erhöhten Maße zu artikulieren, um Konkurrenz herzustellen. [... D]ann steigt das Maß an Rechtfertigung und vitalisiert den Willensbildungsprozess, insbesondere was die Rückkoppelung der getroffenen Entscheidungen betrifft."[389] Aufgrund dieser Überlegungen bezeichnete der portugiesische Verfassungsgeber die politischen Parteien auch explizit als Konkurrenten (Art. 10 Abs. 2)[390].

Wenngleich die Herrschaftsausübung fortlaufend kontrolliert wird, droht in der Verfassungsrealität, die Legitimation aller Nationalstaaten der Europäischen Union durch eine Schwachstelle untergraben zu werden: „[D]er Hauptteil der Gesetzgebung [wird] nicht vom Parlament, sondern in den Ministerialverwaltungen erarbeitet"[391]. Die nicht unmittelbar zuordnungsfähige Macht hinter den Kulissen eines durch „hergebrachte Grundsätze des Berufsbeamtentums"[392] recht homogen sozialisierten und sicher versorgten Apparates und die Durchdringung der Parteien und Parlamente durch öffentliche Bedienstete (und *vice versa*) bewirken eine „gegenseitige Symbio-

---

festgeschrieben; *Zypern* Art. 69 (Amtseid der Abgeordneten) i. V. m. Art. 6 (Grundrechte und Diskriminierungsverbot der beiden – griechischen und türkischen – Gemeinschaften). Gemäß Art. 15 Abs. 10 der irischen Verfassung regelt dies die Geschäftsordnung der Parlamentskammern. Die schwedische Regeringsformen enthält keine entsprechende Bestimmung, schützt aber – wie die Verfassungen der anderen EU-Mitgliedsländer auch – gemäß § 8 die Abgeordneten vor Verfolgungen wegen ihrer Handlungen und Äußerungen bei der Ausübung ihres Mandats.

388 Vgl.: *Bienen/Freund/Rittberger* 1999: 11.

389 *Stentzel* 2002: 120f.

390 Vgl. auch: *Black* 1999: 901; *Thomashausen* 1981b: 176ff.

391 *Grams* 1998: 112.

392 *Grams* 1998: 257. Allerdings stellte Joachim Jens Hesse fest, dass „die parteipolitische Durchdringung des öffentlichen Dienstes [...] einer Relativierung [bedarf; da] der Staat in den letzten beiden Jahrzehnten an gesellschaftlicher Steuerungsfähigkeit verlor, hat sich auch die Bedeutung der Parteien in diesem System relativiert." *Hesse* 2004: 204.

se"[393]. Der hieraus resultierende Gegensatz zwischen dem Repräsentations- bzw. Legitimationsanspruch und der Wirklichkeit ist „deshalb nur über die Demokratisierung des Parteienstaates aufzulösen"[394] und unterstreicht damit einerseits die Bedeutung der Grundlagen demokratischer Willensbildung. (1.4) Andererseits ist damit auch eine Ursache des europäischen Demokratiedefizits benannt: Die Gründungsväter der EG konzipierten die Gemeinschaft bewusst als Einrichtung der politischen und administrativen Eliten ohne demokratische Legitimation.

Bei der Behandlung der nationalen Parteiensysteme in der EU ist ferner auf zwei weitere Kontrollinstanzen hinzuweisen, die bei der Untersuchung der europäischen Ebene aufgrund ihrer z. T. gegensätzlichen Bedeutung im Vergleich zu den Nationalstaaten hervorzuheben sein werden: die *Judikative* und die Medien. (1.6) Der Aufbau ersterer in den Mitgliedstaaten ist bei der Beurteilung der Legitimationsvermittlung durch politische Parteien nicht im Detail zu untersuchen. Da die Demokratieverpflichtung aller nationalen Parteiensysteme bereits festgehalten worden ist (3.3), sei auch die Sanktionsmöglichkeit von Parteienverboten durch die Verfassungsgerichte von acht EU-Staaten lediglich erwähnt[395].

Anders verhält es sich mit den häufig als „vierte Gewalt"[396] titulierten *Medien*. Für die Meinungsbildung der Bürger in den westlichen Demokratien sind diese als „schlechthin konstituierend"[397] anerkannt. Damit will der moderne Verfassungsstaat die politischen Entscheidungen „dem Geheimnis der Kabinette entziehen und sie unter die Gewähr der Öffentlichkeit und des Volkswillens stellen"[398]. Zwar kommt den Medien eine große Macht zu, weshalb sie auch als „Gewalt" bezeichnet werden – einer legitimierenden Funktionszuweisung entbehren jedoch die allermeisten von ihnen: Lediglich in Griechenland (Art. 15 Abs. 3), Litauen (Art. 44 Abs. 2), Malta (Art. 119 Abs. 1) und Portugal (Art. 40 Abs. 2) ist der Medienzugang für Parteien verfassungsrechtlich festgeschrieben. Ihre Einflussmöglichkeiten in Demokratien müssen zwar kritisch betrachtet werden, gleichzeitig eröffnen sie dem Bürger aber erst die Chance auf umfassende Informationen über öffentliche Angelegenheiten.[399] Zudem ist kein „Übergang der Parteien vom Typus der Mitgliederpartei zur eher elitären

---

393 *Von Arnim* 1995: 343.
394 *Grams* 1998: 112f.
395 Vgl. Verfassungen: *Bulgarien* Art. 149 Abs. 1; *Deutschland* Art. 21 Abs. 2; *Estland* § 48 Abs. 4; *Kroatien* Art. 129; *Portugal* Art. 223 Abs. 2e; *Rumänien* Art. 146; *Slowakei* Art. 129 Abs. 4; *Slowenien* Art. 160 Abs. 1.
396 Der Begriff geht auf die „liberale Theorie der Presse" (*Kunczik/Zipfel* 2001: 73) zurück. Nach ihr sollte der Mensch als rationales Wesen bei der Unterscheidung zwischen Wahrheit und Unwahrheit durch die Presse unterstützt werden.
397 *BVerfGE* 7, 198 [207ff.].
398 *Smend* 1968: 66.
399 Vgl. zur zunehmenden Professionalisierung des Kommunikationsmanagements als „permanente Aufgabe" politischer Parteien: *Niedermayer* 2013: 79.

Funktionärspartei, die sich weitgehend auf die Massenmedien stützt und die Mitglieder als wesentliche Ressource nicht mehr braucht"[400] zu beobachten.

Insgesamt verfügen die Parlamentarier in allen Mitgliedstaaten der Europäischen Union (außer Zypern) über Sanktionsmöglichkeiten gegenüber der Exekutiven, mit denen sie diese effektiv kontrollieren können. Dabei ist zwischen zwei Formen zu differenzieren: In personeller Hinsicht erfordert das Institut des Misstrauensvotums die dauerhafte Rückbindung der Regierungen an die Mehrheit der Parlamentarier. Verliert ein Regierungschef (oder in manchen Ländern auch einzelne Minister) diese Unterstützung, können die nationalen Parlamente die Abwahl mit der gleichen (absoluten) Mehrheit durchführen, wie sie bei der Regierungsbestellung erforderlich war (bzw. in Luxemburg und den Niederlanden diesbezüglich politische Konsequenzen bewirken; die Präsidialrepubliken Frankreich und Zypern wurden gesondert behandelt). Andererseits sorgt die Opposition für eine kontinuierliche programmatische Kontrolle – die letztlich auch über die Möglichkeit eines Misstrauensvotums von den Parlamentariern ausgeübt werden kann – indem sie Alternativen zur Regierungsarbeit präsentiert. Der dadurch verursachte Druck auf die Entscheidungsträger legitimiert deren Handeln, weil somit die Interessenrepräsentation weiter Teile der Bevölkerung gewährleistet wird.

---

400 *Morlok* 2013a: 194.

4 Die Legitimation der EU-Mitgliedstaaten

Die dauerhafte Etablierung eines politischen Systems bedingt seine Anerkennung durch die in ihm lebenden Bürger. Voraussetzung dieses Zustands, der mit dem Begriff Legitimation gekennzeichnet wird, ist die rechtmäßige Herrschaftsausübung gemäß normierter Grundwerte und Verfahren. (1.1) Die Parteiendemokratien der EU-Mitgliedstaaten gelten als „allgemein akzeptiert und saturiert"[401] – sie haben ein beachtliches Legitimationsniveau erlangt.

Der Untersuchungsgang dieser Studie diente dem Ziel herauszuarbeiten, warum politische Parteien Funktionen wahrnehmen können, die einen maßgeblichen Beitrag zur demokratischen Legitimation der europäischen Nationalstaaten leisten. Diesbezüglich konnten überwiegend Gemeinsamkeiten, aber auch manche Unterschiede ausgemacht werden, auf denen die betrachteten Länder ihre Herrschaft begründet und stabilisiert haben. Als maßgeblich hat sich dafür in der (west-)europäischen Geschichte die auf Normen basierende, gleichberechtigte Partizipation aller Bürger an der Entscheidungsbildung herauskristallisiert. (1.2)

Die vollständige Beteiligung der (mündigen) Bevölkerung einer größeren Gebietskörperschaft an sämtlichen die Allgemeinheit betreffenden Entscheidungen ist nicht praktikabel. Ein Ausweg aus dieser nahezu einhellig akzeptierten Sachlage wurde unter Berücksichtigung der gleichberechtigten Partizipation aller Bürger im Repräsentationsprinzip gefunden. Demzufolge hat jeder Bürger sowohl die Möglichkeit, sich an der Wahl der Volksvertreter zu beteiligen, als auch selber für Ämter und Mandate zu kandidieren. Stellvertretend für die Bürger entscheiden – gewöhnlich mit Mehrheit – die Gewählten in Parlamenten. Dabei besitzen diese hauptsächlich drei Funktionen: die Wahl und Kontrolle der Exekutiven sowie die Gesetzgebung. (1.3; 3.5; 3.6) „Diese Outputseite von Parlament, nämlich hoheitlichen Entscheidungen Geltung und Folgebereitschaft zu verschaffen, wird auf der Inputseite ergänzt durch die Artikulation von Interessen sowie die Herstellung von Öffentlichkeit."[402] Dadurch leisten die Parlamente einen Beitrag zur politischen Kommunikation, indem sie die „politische Willensbildung durch öffentliche Diskussion und Information der Öffentlichkeit"[403] fördern.

Überwiegend in der zweiten Hälfte des 19. Jahrhunderts schlossen sich Abgeordnete und außerparlamentarisch Engagierte in den europäischen Nationalstaaten zu politischen Parteien zusammen. Diese „auf (formal) freier Werbung beruhende[n] Vergesellschaftungen [verfolgen den] Zweck, ihren Leitern innerhalb eines Verbandes Macht und ihren aktiven Teilnehmern dadurch (ideelle oder materielle) Chancen (der Durchsetzung von sachlichen Zielen oder der Erlangung von persönlichen Vorteilen

---

401 *Von Alemann* 1973: 18 (dort für den pluralistischen Parteienstaat in der Bundesrepublik Deutschland nach dem Zweiten Weltkrieg); Merkel 2016: 10.
402 *Schüttemeyer* 1998: 450 f.
403 *Lenz/Ruchlak* 2001: 162.

https://doi.org/10.1515/9783110567144-005

oder beides) zuzuwenden"[404]. (2.2) Max Webers Definition rief keinen grundsätzlichen Widerspruch hervor; lediglich ergänzend machten Begriffsbestimmungen auch auf die dauerhafte Anlage[405] von Parteien oder deren Bekenntnis zum *bonum commune*[406] aufmerksam. Hingegen hat Weber seine Sinndeutung aus der Perspektive der Parteien abgefasst, sodass mit Blick auf deren Funktionen innerhalb von politischen Systemen die Herausbildung des Volkswillens und dessen Vermittlung in den Staatsorganen hervorzuheben sind. Darunter wurden in der innerparteilichen Organisationsanalyse (3) „Teilbereiche [...] als Subsysteme erfaßt, denen für die Gesamtpartei eine spezielle Aufgabenrolle zufällt [und die] über den Funktionsbegriff eine Verbindung zu einem übergeordneten gesellschaftlichen und politischen Systemzusammenhang"[407] herstellen. Der übergeordnete Zusammenhang war dabei die Untersuchung der Legitimationsvermittlung aufgrund unterschiedlicher Determinanten der Volkswillensbildung durch die politischen Parteien.

Aus den diesbezüglichen Forschungserträgen sind nun nationalstaatliche Ansätze zur Lösung des Legitimationsproblems zu benennen. Ihnen werden zum besseren Verständnis von Gemeinsamkeiten und Unterschieden die Ergebnisse des historischen Rückblicks auf die Parteiengenese vorangestellt. Anschließend sind die aus 2.6 bekannten Funktionspaare der nationalen Parteiensysteme für die Beurteilung des Legitimationsniveaus in den einzelnen Mitgliedstaaten der EU wieder aufzugreifen: die Grundvoraussetzungen legitimierter Herrschaft (Begründung auf Normen und die gleichberechtigte Partizipation aller Mitglieder, untersucht anhand von Mitgliedschaftstypen), die beiden wichtigsten Funktionsdeterminanten politischer Parteien (Personalrekrutierung anhand der innerparteilichen Organisation und Programmformulierung anhand der Willensbildung) und schließlich die Ausübung der drei Parlamentsfunktionen durch politische Parteien (Wahl der Regierung und Gesetzgebung durch Regierungsparteien und Kontrolle durch Oppositionsparteien).

Die *historische Entwicklung* der Parteiensysteme setzte innerhalb der heutigen EU ursprünglich aufgrund von vier Phänomenen ein, die allesamt aus Legitimationskrisen der damaligen monarchischen Herrschaftsmodelle resultierten: Die Einrichtung von Parlamenten führte zunächst zur Fraktionsbildung durch gleichgesinnte Parlamentarier. Als infolge von Wahlrechtsreformen immer größere Teile der Bevölkerung Stimmrecht erhielten, bauten die Fraktionen wiederum außerparlamentarische Organisationsstrukturen auf und gründeten politische Parteien. Maßgeblich waren mit der Fraktionsbildung durch Parlamentarier und der Einführung des allgemeinen Wahlrechts also zwei funktionale Systemanforderungen. (2.1) Darüber hinaus führten zwei externe Ursachen zu Parteigründungen: Als dritter Faktor war die Interessenver-

---

404 *Weber* 1976: 167.
405 Vgl.: *Neumann* 1995: 613; *Schubert/Klein* 2001: 217 f.
406 Vgl.: *Neumann* 1995: 613.
407 *Wiesendahl* 1998: 75 f.

tretung bestimmter, vornehmlich gewerkschaftsnaher, Schichten in mehreren Ländern zu beobachten. (2.2) Nicht aus dem Klassengegensatz von Arbeit und Kapital, sondern aufgrund nationaler Diskrepanzen entstanden schließlich politische Parteien aus Unabhängigkeitsbewegungen.

Infolge der zunehmenden Berücksichtigung von Interessen der Arbeiterschaft bzw. der erlangten staatlichen Unabhängigkeit verloren die beiden letzteren Faktoren noch vor dem Zweiten Weltkrieg an Wirkung auf die Parteienentwicklung. (2.3) Diese wurde hingegen auch langfristig von den zwei funktionalen Systemanforderungen geprägt, die in den meisten europäischen Ländern die maßgeblichen Impulse für Parteigründungen gegeben hatten: Einerseits nahmen die Fraktionen einen starken Einfluss auf ihre Parteien durch die wechselseitigen institutionellen und personellen Verflechtungen. (2.1) Andererseits organisierten sich die Parteien entsprechend der (von einigen von ihnen mit beschlossenen) wahlrechtlichen Vorschriften, um ihre Möglichkeiten zur Politikgestaltung zu optimieren. (2.5)

Beide Faktoren hatten die Durchdringung der Staatssysteme durch die politischen Parteien zur Folge; die organisatorischen Vorteile von Fraktionsgemeinschaften und gemeinsamen Wahlkämpfen ließen den unabhängigen Abgeordneten zu einer seltenen Spezies werden. Um mit politischen Zielen um Wähler werben zu können, gaben sich die Parteien Programme. Durch die damit einhergegangene Nivellierung verschiedener Interessen zugunsten einer gewissen inhaltlichen Homogenität verlagerte sich der ursprünglich dem Parlament zugedachte Interessensausgleich teilweise in die Parteien.

Dies ist hinsichtlich der Legitimation der europäischen Nationalstaaten relevant, weil die Parlamentarier fast ausnahmslos von den politischen Parteien rekrutiert werden. Um das Legitimationsniveau durch die Vorauswahl der Repräsentanten nicht abzusenken, müssen die Parteien deshalb intern den organisatorischen und verfahrenstechnischen Anforderungen entsprechend ihrer Funktionen im Staat genügen. (2.4)

Da jede legitimierte Herrschaftsausübung rechtmäßig sein muss (1.1), setzte die Untersuchung der Determinanten demokratischer Legitimation durch die nationalen Parteien in der EU bei den *normativen Grundlagen* an. Die Rechtsordnungen der 28 betrachteten Staaten ließen sich dabei in vier Gruppen einteilen: Das britische Parteiensystem stellt als ältestes insofern einen Sonderfall dar, als es nur im "Ministers of the Crown Act" impliziert wird und 1998 ein Parteiengesetz verabschiedet wurde, darüber hinaus aber aufgrund des Mehrheitswahlrechts (außer in Nordirland) für die Funktionsfähigkeit des britischen Parlamentarismus nicht unabdingbar ist. Die verschiedenen Arten des Verhältniswahlrechts in den anderen Untersuchungsländern hingegen erfordern politische Parteien. Abgesehen von dieser wahlrechtlichen Implikation nehmen die Verfassungen Dänemarks, der Niederlande und Irlands darüber hinaus keine Notiz von Parteien. In den übrigen EU-Ländern jedoch werden sie zumindest verfassungsrechtlich behandelt bzw. sind ihnen sogar explizit Funktionen im Staat zugeschrieben. (3.1) Die normative Grundlage politischer Parteien kann folglich in 24 Mitgliedsländern der EU im Verfassungsrecht gefunden werden.[408] Nach herrschender Meinung werden sie dort jedoch ebenso wenig als Staatsorgane klassifiziert wie in den übrigen Staaten, wo sie wahl- und/oder einfachrechtlich impliziert sind. Dadurch haben alle untersuchten Parteiensysteme trotz ihrer unterschiedlich definierten Verbindungen zum Staat eine gemeinsame rechtliche Grundlage: Ihr Handeln ist an Normen gebunden, wodurch sie Legitimität erlangen und die erste Voraussetzung zur Vermittlung von Legitimation erfüllen.

Bevor den Implikationen der rechtlichen Unterschiede nachgegangen wird, ist die zweite Bedingung für Parteien zur Vermittlung demokratischer Legitimation zu erörtern: die Umsetzung des Gleichheitsgrundsatzes. Da in den Nationalstaaten alle Staatsgewalt auf dem Volk beruht, dessen Bürger grundsätzlich gleichberechtigt sind (1.3), müssen auch die Mitglieder einer Partei für die Legitimationsvermittlung die grundsätzlich gleichen Rechte genießen. Zu diesem Zweck sollten die politischen Parteien ihre *Mitgliedschaftstypen* so eingerichtet haben, dass sich in ihnen nur einzelne Bürger als Elemente des Souveräns – und keine Kollektive – artikulieren können. Diesbezüglich sind die Parteiensysteme in der Europäischen Union in drei Typen zu unterteilen: Gegen das Prinzip der Individualmitgliedschaft waren Verstöße in fünf Ländern auszumachen, die jedoch allesamt für die Vermittlung demokratischer Legitimation unerheblich sind, da diese Funktion vom britischen Parteiensystem gar nicht erfüllt werden soll bzw. Kollektive (insb. durch traditionelle Verbindungen zu Gewerkschaften) kein Stimmrecht besitzen. Alle übrigen, darunter ganz Osteuropa, betonen sogar die Mitgliedschaft einzelner Bürger und/oder deren Willensbildung innerhalb politischer Parteien. (3.2)

Aufbauend auf der normativen Verankerung und der Gleichheit aller Menschen wird Legitimation erst durch die dauerhafte Anwendung festgeschriebener Verfahren gewährleistet. (1.3) Für die Parteiensysteme stellt sich dabei die Frage nach den Funktionen, die ihnen in den Nationalstaaten zukommen. Abgesehen von Großbritannien (jedoch nicht in Nordirland), wo die Parlamentskandidaten ausschließlich in den Wahlkreisen nominiert werden, ist die *Personalrekrutierung* aufgrund der Kandidatenaufstellung die vornehmliche Aufgabe der politischen Parteien. (2.4) Da durch die Nominierung eine Vorauswahl für die Bürger stattfindet, müssen in diesen Verfahren die gleichen Wahlgrundsätze wie beim Urnengang selber angewandt werden. Folglich hat zur Vermittlung von Legitimation in den Untersuchungsländern die *innerparteiliche Organisation demokratisch* zu sein. Diese Anforderung erfüllen all jene Länder, für die bereits die Umsetzung des Gleichheitsgrundsatzes im Parteienrecht festzustellen war. Verfassungs- oder einfachrechtlich bzw. aufgrund wahlrechtlicher Implika-

---

408 „Parteienrecht ist primär Verfassungsrecht" (*Hesse* 2002: 42), formulierte Konrad Hesse vor dem Hintergrund der wiederholten Rechtsprechungen des Bundesverfassungsgerichts zum Parteiengesetz. Peter Häberle stellte diesbezüglich – sehr zutreffend angesichts der in dieser Studie aufgezeigten nationalen Spezifika im Parteienrecht – die Frage: „Wo liegen spezielle Traumata der einzelnen Nationen, Wunden, Nöte, Gebrechen?" *Tsatsos* 2002: 168.

tionen sind die Parteien den gleichen verfahrenstechnischen Grundsätzen verpflichtet, die auch für die Staatsorganisation vorgeschrieben sind. Sie können dadurch für ihre Hauptfunktion der Personalrekrutierung Legitimation vermitteln. (3.3)

Nach der Rekrutierung des politischen Führungspersonals wird Parteien die *Programmformulierung* durch die *Willensbildung* des Volkes als zweite Hauptfunktion zugeschrieben. Die vorherrschende Meinung über politische Parteien ist jedoch, dass sie nicht ausreichend repräsentativ sind, um den ihnen zugehörigen Amts- und Mandatsträgern inhaltliche Vorgaben machen zu können. (2.4) Dennoch zielt die zweite Parteienfunktion gerade in diese Richtung, da programmatische Entscheidungen zum einen den gesellschaftlichen Interessenausgleich (insbesondere in Volksparteien) ausdrücken und zum anderen aus praktischen Gründen den Wählern nur wenige Alternativen angeboten werden können. Zur Wahl stehen jedoch keine Programme, sondern im Namen von Parteien kandidierende Personen. Deren kontinuierliche Identifikation mit der Parteiprogrammatik soll aufgrund des ihnen zu unterstellenden Interesses an erneuten Nominierungen gewährleistet werden. (3.6) Die Übertragung der von den Parteien herausgebildeten Programmatik auf die staatliche Ebene erfolgt schließlich durch die von den Bürgern gewählten Abgeordneten. Durch sie wird der Volkswille auf die staatliche Ebene transferiert und trägt zur Legitimation des Staates bei. Diese Konzeption liegt allen Regierungssystemen der Europäischen Union zugrunde. Als erstes wurde dementsprechend im deutschen Grundgesetz festgeschrieben, dass Parteien „bei der politischen Willensbildung des Volkes"[409] mitwirken. Die Formulierung übernahmen mittlerweile 20 EU-Mitgliedsländer verfassungs- bzw. einfachrechtlich. Dazu zählt auch die Präsidialrepublik Zypern, wo die Direktwahl des Staatspräsidenten die Funktion der Personalrekrutierung stärkt, während in Frankreich die Willensbildungsfunktion politischer Parteien auf die Mitwirkung an Wahlentscheidungen eingeschränkt wird. Auch wenn in dem Vereinigten Königreich der Schwerpunkt bei den Parlamentsfraktionen und nicht den Parteiorganisationen liegt, ist deren Unabdingbarkeit im Willensbildungsprozess ebenfalls anerkannt: Sie stellen „eine systemnotwendige Verbindung zwischen Volk und Parlament dar"[410]. (3.4)

Wie bereits Max Webers Definition zu entnehmen war, bieten die Funktionen der Elitenrekrutierung und Willensbildung den politischen Parteien personelle und programmatische *Möglichkeiten zur Politikgestaltung*. Dabei üben die von den Parteien nominierten und vom (Wahl-)Bürger legitimierten Parlamentarier aller Untersuchungsländer im Wesentlichen drei Funktionen aus, die sie in die beiden gekennzeichneten Gruppen teilen: Während die Angehörigen der Regierungsparteien in der Regel die Gesetzgebung vornehmen und die Exekutive bestellen, wird diese vornehmlich durch die Opposition kontrolliert. (2.6) Die Bestellung der Exekutiven erfolgt in Frankreich und Zypern mittels unmittelbarer Präsidentschaftswahlen sowie in allen

---

409 *GG* Art. 21 Abs. 1.
410 *Tsatsos* 1988: 4.

übrigen untersuchten Ländern durch die absolute Mehrheit der Abgeordneten. Dabei wählen die meisten Parlamente lediglich den Regierungschef, der sein Kabinett (zumindest theoretisch) frei zusammenstellen kann, während er in sechs Ländern für die Ernennung der Minister die Parlamentarier um Zustimmung ersuchen muss. Hinsichtlich der Rolle politischer Parteien ist in diesem Rahmen das Vereinigte Königreich hervorzuheben, für dessen Parteiensystem der funktionale Schwerpunkt in der Regierungsbildung angelegt ist. Die Herausbildung des Volkswillens und dessen Transfer in die staatlichen Institutionen werden hingegen in den übrigen Ländern betont. Bulgarien, Griechenland, Portugal und Rumänien schreiben den Parteien dennoch verfassungsrechtlich eine herausragende Funktion bei der Regierungsbildung zu. Das Vorschlagsrecht für die oberste Exekutivfunktion liegt in allen EU-Mitgliedsländern beim Staatsoberhaupt bzw. in Schweden beim Parlamentspräsidenten. Ebenfalls in sämtlichen EU-Ländern wird die Politikgestaltung durch die Gesetzgebung von der Mehrheit der Abgeordneten wahrgenommen (wobei für Verfassungsänderungen etc. höhere Anforderungen gelten). Dadurch materialisiert sich schließlich der Volkswille in Entscheidungen, die in Staaten ohne legitimatorische Krisensymptome gemeinhin Akzeptanz finden. (3.5)

Zusätzlich trägt die Opposition durch die Wahrnehmung der dritten Parlamentskompetenz zur Legitimation der europäischen Nationalstaaten bei: Indem sie die Regierung *kontrolliert* und politische Alternativen präsentiert, drängt sie zur Berücksichtigung der Interessen weiter Teile der Bevölkerung. Diese Funktion nimmt sie einerseits über die Öffentlichkeit bzw. die Medien wahr. Andererseits verfügt sie über normativ verankerte Kontrollinstrumente und kann juristische Entscheidungsüberprüfungen einleiten. Als äußerstes Kontrollinstrument steht den Parlamentariern aller Mitgliedsländer (außer Zyperns) in unterschiedlichen Ausgestaltungen das Misstrauensvotum zur Verfügung, wobei damit in Luxemburg und den Niederlanden die Regierung nicht unmittelbar ihres Amtes enthoben wird. Die Abgeordneten in den nordischen und fünf osteuropäischen EU-Mitgliedsländern können nicht nur, wie in den übrigen Staaten, der gesamten Regierung, sondern mit der Mehrheit ihrer Stimmen auch einzelnen Ministern das Vertrauen entziehen. Zwar gehen gewöhnlich Verhandlungen zwischen Parteien über die Bildung einer neuen Regierung (insb. bei einem konstruktiven Votum) bzw. die Abhaltung von Neuwahlen voraus. Eine diesbezügliche Behandlung der Parteien nimmt jedoch keine Verfassung vor, lediglich die griechische schreibt ihnen generell eine Kontrollfunktion zu. Dennoch ist allgemein anerkannt, dass jede demokratische Legitimation eine permanente Rückbindung der Exekutiven an den Souverän erfordert und die Funktionsdeterminante der Kontrolle in den europäischen Demokratien hauptsächlich von den Oppositionsparteien wahrgenommen wird. Die Parteien wiederum kontrollieren ihre Parlamentarier und sorgen für deren Rückbindung an die in ihnen organisierten Bürger aufgrund des unterstellten Interesses an einer erneuten Nominierung. (1.3; 3.6)

Zusammenfassend ist aus den gewonnenen Erkenntnissen festzuhalten, dass nach jahrhundertelangem Ringen mit den nationalstaatlichen Parteiendemokratien eine

Lösung des Legitimationsproblems gefunden wurde, zu der keine überzeugenden Alternativen aufgezeigt werden.[411] Ihre Attraktivität liegt darin begründet, dass sie das Problem näherungsweise lösen konnten, indem politische Parteien (gemeinsam mit Medien und Interessengruppen) als intermediäre Einrichtungen eine Transmitterfunktion zwischen den Bürgern und den Entscheidungsträgern erlangten. Der von den Parteien dabei vermittelte Legitimationsertrag wiederum hängt von der Umsetzung der benannten Funktionsbedingungen ab.

Der Erfolg dieses Systems stützt sich, unter der Voraussetzung stabiler Institutionen, maßgeblich darauf, dass nicht nur Wählerwanderungen zwischen etablierten Parteien möglich sind, sondern neue innerparlamentarische Konkurrenten entstehen können. Dies erklärt die eingangs festgehaltene Diskrepanz zwischen Kontinuität und Wandel der Parteiendemokratien in den EU-Mitgliedstaaten: Repräsentationslücken werden von jungen Parteien zunächst als Opposition außerparlamentarisch geschlossen. Aufgrund günstiger Organisationsmöglichkeiten – insbesondere durch die soziale Medien – streben sie heutzutage frühzeitig und zielstrebig in die Parlamente.[412] Diese Systemoffenheit gewährleistet die kontinuierliche Repräsentation der Bürger in den nationalen Parteiendemokratien.[413]

---

411 Vgl.: *Krippendorff* 1962: 65. Selbst Vertreter der „Postdemokratie", nach denen „Parteipolitik nur noch die vordemokratische Aufgabe erfüllt, den Mitgliedern der eigenen Gruppe zu Verwaltungs- oder politischen Ämtern zu verhelfen [konstatieren frei nach Max Weber:] Dies war selbstverständlich immer eine Schlüsselfunktion innerhalb des politischen Prozesses" (*Crouch* 2008: 5).

412 So ist z. B. in Deutschland das „Wutbürgertum" mittlerweile in den Parlamenten angekommen. Anfängliche Befürchtungen, dass „das Volk sein Interesse an der Parteiendemokratie verlöre" (*Niehuis* 2011: 11), haben sich nicht manifestiert.

413 Vgl.: *Diehl* 2016: 17; *Krippendorff* 1962: 65.

Literaturverzeichnis[414]

Abendroth, Wolfgang 1964: Innerparteiliche und innerverbandliche Demokratie als Voraussetzung der politischen Demokratie; in: Politische Vierteljahresschrift, Nr. 5: 307–338.

Achterberg, Norbert/Krawietz, Werner (Hrsg.) 1981: Legitimation des modernen Staates, Archiv für Rechts- und Sozialphilosophie, Beiheft 15, Wiesbaden.

von Alemann, Ulrich 1973: Parteiensysteme im Parlamentarismus. Eine Einführung und Kritik von Parlamentarismustheorien, Düsseldorf.

von Alemann, Ulrich 2001: Parlamentarismus; in: Nohlen, Dieter (Hrsg.): Kleines Lexikon der Politik, München: 345-350.

von Alemann, Ulrich 2010: Das Parteiensystem der Bundesrepublik Deutschland, Bonn.

von Alemann, Ulrich/Morlok, Martin/Spier, Tim (Hrsg.) 2013: Parteien ohne Mitglieder? Baden-Baden.

Allison, William Talbot 1911: Introduction; in: Milton, John: The Tenure of Kings and Magistrates, New York: I–LIII.

Andrews, William G. 1999: United Kingdom of Great Britain and Northern Ireland; in: Delury, George E. (Ed.): World Encyclopedia of Political Systems and Parties, Vol. III: Oman-Zimbabwe, New York/Oxford 1154–1169.

von Arnim, Hans Herbert 1995: Demokratie vor neuen Herausforderungen; in: Zeitschrift für Rechtspolitik, Heft 9: 340–352.

Ashley, Maurice 1968: The Glorious Revolution of 1688, London.

Ashley, Maurice 1978: England in the seventeenth century, London.

Ayearst, Morley 1971: The Republic of Ireland – Its Government and Politics, London/New York.

Aylmer, Gerald Edward 1968: The struggle for the constitution 1603–89, London.

Bagehot, Walter 1971: Die englische Verfassung, 1. englische Ausgabe 1867, übersetzt und hrsg. von Klaus Streifthau, Neuwied/Berlin.

Ball, Alan R. 1987: British Political Parties – The emergence of a modern party system, Basingstoke/London.

Bandholz, Emil 1961: Die englischen Gewerkschaften – Organisationstypen, Zielsetzungen, Kampfesweisen von der Gründung bis zur Gegenwart, Köln.

Beetham, David 1974: Max Weber and the Theory of Modern Politics, London.

Belgien Federaal Parlement/Parlement Fédéral/Föderales Parlament: Internetseite (http://www.fedparl.be).

Belgien Verfassung, vom Nationalkongress am 07.02.1831 angenommen, in Kraft seit dem 26.07.1831.

Bendel, Petra 1998: Parteiendemokratie; in: Nohlen, Dieter (Hrsg.): Lexikon der Politik, Bd. 7: Politische Begriffe, hrsg. von Nohlen, Dieter/Schultze, Rainer-Olaf/Schüttemeyer, Suzanne S., München: 458–459.

Bendel, Petra 1998: Parteienstaat; in: Nohlen, Dieter (Hrsg.): Lexikon der Politik, Bd. 7: Politische Begriffe, hrsg. von Nohlen, Dieter/Schultze, Rainer-Olaf/Schüttemeyer, Suzanne S., München: 462–463.

Bendel, Petra 1998: Parteiensystem; in: Nohlen, Dieter (Hrsg.): Lexikon der Politik, Bd. 7: Politische Begriffe, hrsg. von Nohlen, Dieter/Schultze, Rainer-Olaf/Schüttemeyer, Suzanne S., München: 463–465.

Bendel, Petra 1998: Volkspartei; in: Nohlen, Dieter (Hrsg.): Lexikon der Politik, Bd. 7: Politische Begriffe, hrsg. von Nohlen, Dieter/Schultze, Rainer-Olaf/Schüttemeyer, Suzanne S., München: 696–698.

---

414 Sämtliche Internetseiten wurden am 22.04.2017 aufgerufen.

https://doi.org/10.1515/9783110567144-006

Berg-Schlosser, Dirk 1978: Großbritannien; in: Stammen, Theo (Hrsg.): Parteien in Europa. Nationale Parteiensysteme, Transnationale Parteienbeziehungen, Konturen eines europäischen Parteiensystems, München: 141–151.

Berg-Schlosser, Dirk 1978: Irland; in: Stammen, Theo (Hrsg.): Parteien in Europa. Nationale Parteiensysteme, Transnationale Parteienbeziehungen, Konturen eines europäischen Parteiensystems, München: 152–160.

Bernecker, Walther L. 1981: Spanien; in: Wende, Frank (Hrsg.): Lexikon zur Geschichte der Parteien in Europa, Stuttgart: 639–670.

Bernitsas, Sotirios 1984: Legitimationsprobleme des Staates, München.

Bestler, Anita/Waschkuhn, Arno 2009: Das politische System Maltas; in: Ismayr, Wolfgang (Hrsg.): Die politischen Systeme Westeuropas, Wiesbaden: 869–900.

von Beyme, Klaus 1970: Das politische System Italiens, Stuttgart/Berlin/Köln/Mainz.

von Beyme, Klaus 1984: Parteien in westlichen Demokratien, München/Zürich.

von Beyme, Klaus 1995a: Die Politische Klasse im Parteienstaat, Frankfurt am Main.

von Beyme, Klaus 1995b: Parteientheorie; in: Nohlen, Dieter (Hrsg.): Lexikon der Politik, Bd. 1: Politische Theorien, hrsg. von Nohlen, Dieter/Schultze, Rainer-Olaf, München: 391–396.

von Beyme, Klaus 2002: 30 Jahre Parteiengesetz – zum Stand der Parteienforschung; in: Tsatsos, Dimitris Th. (Hrsg.): 30 Jahre Parteiengesetz in Deutschland – Die Parteiinstitution im internationalen Vergleich – Aspekte aus Wissenschaft und Politik, Baden-Baden: 44–52.

Bibel – Biblia, das ist die ganze heilige Schrift des alten und neuen Testaments, Übersetzung von Martin Luther, 1850, Nürnberg.

Bienen, Derk/Freund, Corinna/Rittberger, Volker 1999: Gesellschaftliche Interessen und Außenpolitik: Die Außenpolitiktheorie des utilitaristischen Liberalismus, Tübinger Arbeitspapiere zur Internationalen Politik und Friedensforschung, Nr. 33.

Biin, Helen/Albi, Anneli 2012: Suffrage and the Nation: Women's Vote in Estonia; in: Ruiz, Blanca Rodriguez/Rubio-Marín, Ruth (Hrsg.): The Struggle for Female Suffrage in Europe: Voting to Become Citizens, Leiden: 111–126.

Birch, Anthony Harold 1998: The British System of Government, London/New York.

Black, Antony 1993: Classical Islam and Medieval Europe: A Comparison of Political Philosophies and Cultures, Political Studies, No. 41, March: 58–69.

Black, Jan Knippers 1999: Portuguese Republic (Republica Portuguesa); in: Delury, George E. (Ed.): World Encyclopedia of Political Systems and Parties, Vol. III: Oman-Zimbabwe, New York/Oxford: 901–911.

Blumenthal, Uta-Renate 2001: Gregor VII.: Papst zwischen Canossa und Kirchenreform, Schriftenreihe: Gestalten des Mittelalters und der Renaissance, Darmstadt.

Boothroyd, David 2001: The History of British Political Parties, London.

Bosch, Friedrich Wilhelm 1973: Volljährigkeit – Ehemündigkeit – Elterliche Sorge; in: Zeitschrift für das gesamte Familienrecht, Heft 10, 10.1973: 489–508.

Bracher, Karl Dietrich (Hrsg.) 1992: Staat und Parteien, Festschrift für Rudolf Morsey zum 65. Geburtstag, Berlin.

Brinkmann, Heinz Ulrich 2000: Parteiendemokratie; in: Holtmann, Everhard (Hrsg.): Politik-Lexikon, München/Wien: 455.

Brinkmann, Heinz Ulrich 2000: Parteienstaat; in: Holtmann, Everhard (Hrsg.): Politik-Lexikon, München/Wien: 460.

Bugajski, Janusz 2002: Political Parties of Eastern Europe: A Guide to Politics in the Post-Communist Era, New York.

Bühlmann, Marc 2016: Wettbewerb als mehrdimensionale Determinante für Etablierungschancen neuer Parteien; in: Morlok, Martin/Poguntke, Thomas/Zons, Gregor (Hrsg.): Etablierungschancen neuer Parteien: 35–58.

Bulgarien Verfassung, von der 7. Großen bulgarischen Nationalversammlung am 12.07.1991 angenommen, in Kraft seit dem 13.07.1991.

Bulgarien Народно събрание *(Nationalversammlung)*: Internetseite (http://www.parliament.bg).

Bulgarien Закон за политическите партии (Gesetz über politische Parteien), Държавен вестник
   (Staatsanzeiger) бр. 29/ 1990; Държавен вестник бр. 6/2009.

Burkhardt, Klaus/Niedhart, Gottfried 1981: Frankreich; in: Wende, Frank (Hrsg.): Lexikon zur Geschichte der Parteien in Europa, Stuttgart: 173–200.

BVerfGE 7, 198: Urteil des Ersten Senats vom 15.01.1958 – 1 BvR 400/51 – in dem Verfahren über die
   Verfassungsbeschwerde des Senatsdirektors Erich L. in Hamburg gegen das Urteil des Land-
   gerichts Hamburg vom 22.11.1951 – Az. 15. O. 87/51 –; in: Mitglieder des Bundesverfassungsgerichts (Hrsg.) 1958: Entscheidungen des Bundesverfassungsgerichts, Nr. 28, 7. Bd.: 198–230.

Cassandro, Giovanni 1969: Die Stellung der politischen Parteien in der Verfassung; in: Hefte der
   Vereinigung für den Gedankenaustausch zwischen deutschen und italienischen Juristen e.V.,
   Heft 4: 47–61.

Charlot, Jean 1989: Political Parties: Towards a New Theoretical Synthesis; in: Political Studies,
   No. 37: 352–361.

Chubb, Basil 1971: The Government and Politics of Ireland, Standford.

Constantinescu, Miron 1971: Unification of the Romanian National State, The Union of Transylvania
   with Old Romania, Bukarest.

Conze, Werner 1957: Nachwort zur Neuausgabe; in: Michels, Robert: Zur Soziologie des Parteiwesens
   in der modernen Demokratie, Neudruck der 2. Aufl., Hrsg. von Werner Conze, Stuttgart: 379–406.

Cowley, Philip/Kavanagh, Dennis 2015: The British General Election of 2015, Basingstoke.

Crampton, Richard J. 1987: A Short History of Modern Bulgaria, Cambridge.

Crampton, Richard J. 2007: Bulgaria, New York.

Crouch, Colin 2008: Postdemokratie; in: Frankfurter Hefte, Nr. 4: 4–7.

Csucsuja, István 1999: Lajos Mocsáry's Political Theory of National Minorities; in: Romsics, Ignác/
   Király, Béla K. (Hrsg.): Geopolitics in the Danube Region: Hungarian Reconciliation Efforts, 1848–
   1998, Budapest: 161–175.

Dadder, Rudolf 1980: Die Parteien in der Europäischen Gemeinschaft, Andernach am Rhein.

Dänemark Folketinget (Volksversammlung): Internetseite (http://www.ft.dk).

Dänemark Verfassung „Riges Grundlov" (Reichsgrundgesetz), von der Reichsversammlung am
   25.05.1849 angenommen, in Kraft seit Unterzeichnung durch König Frederik VII. am 05.06.1849.

Däubler-Gmelin, Herta/Kinkel, Klaus/Meyer, Hans/Simon, Helmut (Hrsg.) 1994: Gegenrede, Aufklärung – Kritik – Öffentlichkeit, Festschrift für Ernst Gottfried Mahrenholz, Baden-Baden.

Day, *Alan J.* (Ed.) 2000: Directory of European Union political parties, London.

de Nève, Dorothée 2002: Sozialdemokratische und sozialistische Parteien in Südosteuropa: Albanien,
   Bulgarien und Rumänien 1989–1997, Wiesbaden.

Deinzer, Gerold 1999: Europäische Parteien: Begriff und Funktion in einem europäischen Integrations-
   ensemble, Baden-Baden.

Delury, George E. (Ed.) 1999a: World Encyclopedia of Political Systems and Parties, Vol. I: Afghanistan-France, ed. by Deborah A. Kaple, New York/Oxford.

Delury, George E. (Ed.) 1999b: World Encyclopedia of Political Systems and Parties, Vol. II: Gabon-
   Norway, ed. by Deborah A. Kaple, New York/Oxford.

Delury, George E. (Ed.) 1999c: World Encyclopedia of Political Systems and Parties, Vol. III: Oman-
   Zimbabwe, ed. by Deborah A. Kaple, New York/Oxford.

Detterbeck, Klaus 2011: Parteien und Parteiensystem, Konstanz.

Deutscher Bundestag Bericht der Gemeinsamen Verfassungskommission [von Bundestag und Bun-
   desrat]; in: Drs. 12/6000 (05.11.1993).

Deutscher Bundestag: Internetseite (http://www.bundestag.de).

Deutschland Gesetz über die politischen Parteien, BGBl. 1967/44 I S. 773.

Deutschland Verfassung „Grundgesetz", vom Parlamentarischen Rat am 08.05.1949 angenommen, in Kraft seit dem 24.05.1949.

Die Zeit, 10.07.2013: Luxemburgs Premier Juncker steht vor dem Aus.

Diehl, Paula 2016: Demokratische Repräsentation und ihre Krise; in: Aus Politik und Zeitgeschichte, Nr. 40–42: 12–17.

Djilas, Aleksa 1991: The Contested Country: Yugoslav Unity and Communist Revolution, 1919–1953, London.

Doeker, Günther/Wirth, Malcolm 1982: Das politische System Großbritanniens, Berlin.

Doerries, Reinhard R. 1981: Irland und Ulster; in: Wende, Frank (Hrsg.): Lexikon zur Geschichte der Parteien in Europa, Stuttgart: 257–278.

Dolezal, Joseph Paul 1973: Aristoteles und die Demokratie. Eine Untersuchung des aristotelischen Demokratiebegriffes unter besonderer Berücksichtigung der geistesgeschichtlichen und historischen Grundlagen, Bonn.

Döring, Herbert/Smith, Gordon (Ed.) 1982: Party Government and Political Culture in Western Europe, Basingstoke/London.

Drechsler, Hanno/Hilligen, Wolfgang/Neumann, Franz (Hrsg.) 1995: Gesellschaft und Staat. Lexikon der Politik, München.

Drechsler, Hanno/Hilligen, Wolfgang/Neumann, Franz (Hrsg.) 2003: Gesellschaft und Staat. Lexikon der Politik, München.

Easton, David 1965: A System Analysis of Political Life, New York.

Eckert, Florian 2008: Vom Plan zum Markt: Parteipolitik und Privatisierungsprozesse in Osteuropa, Wiesbaden.

EG ABl. 1976 L 278: Beschluß (S. 1–4) und Akt (S. 5–9) zur Einführung allgemeiner unmittelbarer Wahlen der Abgeordneten der Versammlung vom 08.10.: 1–9.

Elzinga, D. J. 1990: Die Institution der politischen Partei in den Niederlanden; in: Tsatsos, Dimitris Th./ Schefold, Dian/Schneider, Hans-Peter (Hrsg.): Parteienrecht im europäischen Vergleich – Die Parteien in den demokratischen Ordnungen der Staaten der Europäischen Gemeinschaft, Baden-Baden: 499–590.

Epstein, Leon D. 1967: Parties in Western Democratic Systems; in: Macridis, Roy C. (Ed.): Political Parties. Contemporary Trends and Ideas, New York/London: 97–113.

Ermacora, Felix 1977: Die Entwicklung österreichischen Bundesverfassungsrechts seit 1975, Jahrbuch des öffentlichen Rechts der Gegenwart, Neue Folge, Bd. 26: 183–214.

Estland Erakonnaseadus (Parteiengesetz), Riigi Teataja (Staatsanzeiger) RT I 1994, 40, 654.

Estland Riigikogu (Staatsversammlung): Internetseite (https://www.riigikogu.ee).

Estland Verfassung, in einer Volksabstimmung am 28.06.1992 angenommen, in Kraft seit dem 03.07.1992.

Europäische Kommission Eurostat: Internetseite (http://ec.europa.eu/eurostat).

Europäischer Konvent 2003: Entwurf eines Vertrags über eine Verfassung für Europa, vom Europäischen Konvent im Konsensverfahren verabschiedet am 13.06. und 10.07.2003, Brüssel.

Europäisches Parlament, Generaldirektion Interne Politikbereiche 2012: Kriterien, Bedingungen und Verfahren für die Gründung einer politischen Partei in den Mitgliedstaaten der Europäischen Union, Luxemburg.

Farrell, David M. 2011: Electoral Systems. A Comparative Introduction, New York.

Farrell, Martin F. 1999: Republic of Finland (Suomen Tasavalta); in: Delury, George E. (Ed.): World Encyclopedia of Political Systems and Parties, Vol. I: Afghanistan-France, ed. by Deborah A. Kaple, New York/Oxford: 355–365.

Finnland Puoluelaki (Parteiengesetz), Säädöskokoelma (Gesetzessammlung) 10.01.1969/10.

Finnland Suomen eduskunta (Parlament): Internetseite (https://www.eduskunta.fi).

Finnland Verfassung, vom Parlament am 11.06.1999 angenommen, in Kraft seit dem 01.03.2000.

Fisher, Justin 1996: British Political Parties, London.

Francia (Hrsg. vom Deutschen Historischen Institut Paris) 1998: Forschungen zur westeuropäischen Geschichte, Bd. 24/3 (19./20. Jahrhundert – Histoire contemporaine), Stuttgart.

Frankreich Assemblée nationale (Nationalversammlung): Internetseite (http://www.assemblee-nationale.fr).

Frankreich Verfassung, in einer Volksabstimmung am 28.09.1958 angenommen, in Kraft seit dem 04.10.1958.

Fromont, Michel 1990: Die Institution der politischen Partei in Frankreich; in: Tsatsos, Dimitris Th./ Schefold, Dian/Schneider, Hans-Peter (Hrsg.): Parteienrecht im europäischen Vergleich – Die Parteien in den demokratischen Ordnungen der Staaten der Europäischen Gemeinschaft, Baden-Baden: 219–260.

Gabanyi, Anneli Ute 2010: Das politische System Rumäniens; in: Ismayr, Wolfgang (Hrsg.): Die politischen Systeme Osteuropas, Wiesbaden: 627–676.

Gebhart, Jan 1986: Politische Kulturforschung – ein Beitrag zur vergleichenden Analyse soziokulturel-ler Ordnungszusammenhänge; in: Werhahn-Mees, Kai: Japan und der Westen, Bd. 3: Politik, Kultur, Gesellschaft, hrsg. von von Barloewen, Constantin/Werhahn-Mees, Kai, Frankfurt am Main: 60–77.

Geismann, Georg 1964: Politische Struktur und Regierungssystem in den Niederlanden, Frankfurt am Main/Bonn.

Girndt, Helmut 1976: Zum Problem der Legitimation politischen Handelns. Eine Auseinandersetzung mit Jürgen Habermas; in: Graf von Kielmansegg, Peter (Hrsg.): Legitimationsprobleme politischer Systeme, Politische Vierteljahresschrift, Sonderheft 7, Opladen: 62–71.

Goez, Werner 2000: Kirchenreform und Investiturstreit, Stuttgart: 910–1122.

Grams, Hartmut A. 1998: Zur Gesetzgebung der Europäischen Union – Eine vergleichende Struktur-analyse aus staatsorganisatorischer Sicht, Neuwied/Kriftel.

Greven, Michael Th. (Hrsg.) 1998: Demokratie – eine Kultur des Westens? 20. Wissenschaftlicher Kongreß der Deutschen Vereinigung für Politische Wissenschaft.

Greven, Michael Th. 1977: Parteien und politische Herrschaft, Meisenheim.

Greven, Michael Th. 1995: Freiheit; in: Nohlen, Dieter (Hrsg.): Lexikon der Politik, Bd. 1: Politische Theorien, hrsg. von Nohlen, Dieter/Schultze, Rainer-Olaf, München: 116–119.

Greven, Michael Th. 2002: Freiheit; in: Nohlen, Dieter/Schultze, Rainer-Olaf (Hrsg.): Lexikon der Politikwissenschaft – Theorien, Methoden, Begriffe, Bd. 1: A-M, München: 243–245.

Greven, Michael Th. 2010: Sind Parteien in der Politik alternativlos oder ist ihre Rolle historisch begrenzt? Die Parteienforschung angesichts von „Globalisierung", „Transnationalisierung" und „Europäisierung"; in: Gehne, David H./Spier, Tim (Hrsg.): Krise oder Wandel der Parteiendemo-kratie? Festschrift für Ulrich von Alemann, Wiesbaden: 225–235.

Griechenland Verfassung, vom Fünften Verfassungsändernden Parlament am 09.06.1975 angenom-men, in Kraft seit dem 11.06.1975.

Griechenland Wahlgesetz, Nr. 4406/2016 (22.07.2016); in: Εφημερίς της Κυβερνήσεως (Φ.Ε.Κ.; Amts-blatt) A 133 (26.07.2016).

Griechenland Βουλή των Ελλήνων (Haus der Griechen): Internetseite (http://www.hellenicparliament.gr).

Grofman, Bernard/Lijphart, Arend: The Evolution of Electoral and Party Systems in the Nordic Coun-tries, New York 2002.

Grosser, Alfred 1973: Politik erklären, München.

Grupp, Klaus 1994: Der Status der politischen Parteien in Deutschland; Erstveröffentlichung in: Revue d'Allemagne et des Pays de Langue Allemande, Tome XXVI, Nr. 2: 247–263.

Guggenberger, Bernd 1985: Demokratietheorie; in: Nohlen, Dieter (Hrsg.): Pipers Wörterbuch zur Politik, Bd. 1: Politikwissenschaft, Theorien – Methoden – Begriffe, München/Zürich: 130–140.

Gundlach, Rolf/Weber, Hermann (Hrsg.) 1991: Legitimation und Funktion des Herrschers – Vom ägyptischen Pharao zum neuzeitlichen Diktator, Stuttgart.

Habermas, Jürgen 1973: Legitimationsprobleme im Spätkapitalismus, Frankfurt am Main.

Habermas, Jürgen 1976: Legitimationsprobleme im modernen Staat; in: Graf von Kielmansegg, Peter (Hrsg.): Legitimationsprobleme politischer Systeme, Politische Vierteljahresschrift, Sonderheft 7, Opladen: 39–61.

Hallstein, Walter 1969: Der unvollendete Bundesstaat – Europäische Erfahrungen und Erkenntnisse, Düsseldorf/Wien.

Hänsch, Klaus 1978: Frankreich; in: Raschke, Joachim (Hrsg.): Die politischen Parteien in Westeuropa. Geschichte – Programm – Praxis. Ein Handbuch, Reinbek bei Hamburg: 158–213.

Harrington, James 2001: "The Commonwealth of Oceana" and "A System of Politics", first publ. 1656, edited by J. G. A. Pocock, Cambridge.

Hartmann, Jürgen 1978: Belgien; in: Raschke, Joachim (Hrsg.): Die politischen Parteien in Westeuropa. Geschichte – Programm – Praxis. Ein Handbuch, Reinbek bei Hamburg: 46–69.

Hartmann, Jürgen 1978: Großbritannien; in: Raschke, Joachim (Hrsg.): Die politischen Parteien in Westeuropa. Geschichte – Programm – Praxis. Ein Handbuch, Reinbek bei Hamburg: 238–281.

Hartmann, Jürgen 1978: Luxemburg; in: Raschke, Joachim (Hrsg.): Die politischen Parteien in Westeuropa. Geschichte – Programm – Praxis. Ein Handbuch, Reinbek bei Hamburg: 366–369.

Hartmann, Jürgen 1978: Niederlande; in: Raschke, Joachim (Hrsg.): Die politischen Parteien in Westeuropa. Geschichte – Programm – Praxis. Ein Handbuch, Reinbek bei Hamburg: 373–396.

Hartmann, Jürgen 1979: Parteienforschung, Darmstadt.

Hartmann, Jürgen 1980: Vergleichende Politische Systemforschung – Konzepte und Analysen, Köln/ Wien.

Hartmann, Peter Claus 1985: Französische Verfassungsgeschichte der Neuzeit (1450–1980) – Ein Überblick, Darmstadt.

Hartmann, Wilfried 1993: Der Investiturstreit, Schriftenreihe: Enzyklopädie deutscher Geschichte (Hrsg. Lothar Gall), Bd. 21, München.

Hass, Jeffrey K. 1999: Greece (Elliniki Demokratia); in: Delury, George E. (Ed.): World Encyclopedia of Political Systems and Parties, Vol. II: Gabon-Norway, ed. by Deborah A. Kaple, New York/Oxford: 418–428.

Hass, Jeffrey K. 1999: Republic of Italy (Repubblica Italiana); in: Delury, George E. (Ed.): World Encyclopedia of Political Systems and Parties, Vol. II: Gabon-Norway, ed. by Deborah A. Kaple, New York/Oxford: 557–573.

Hättich, Manfred 1969: Innerparteiliche Demokratie und politische Willensbildung; in: Aus Politik und Zeitgeschichte, Nr. B 49: 28–38.

Hättich, Manfred 1970: Innerparteiliche Demokratie und politische Willensbildung; in: Röper, Erich (Hrsg.): Reale Utopien – Glanz und Elend der Parteien, Mainz: 43–65.

Haungs, Peter 1973: Die Bundesrepublik – Ein Parteienstaat? Kritische Anmerkungen zu einem wissenschaftlichen Mythos; in: Zeitschrift für Parlamentsfragen, Nr. 4: 502–504.

Haungs, Peter 1980: Parteiendemokratie in der Bundesrepublik Deutschland, Berlin.

Heemskerk, Des 2002: Britische Gewerkschaften zeigen neue Militanz – Stimmung kurz vor dem Siedepunkt (Interview); in: Der Funke – Marxistische Opposition in Sozialdemokratie und Gewerkschaften, Ausgabe 42, 06.12.

Heins, Volker 1990: Strategien der Legitimation – Das Legitimationsparadigma in der politischen Theorie, Münster.

Hennen, Manfred 1976: Krise der Rationalität – Dilemma der Soziologie – Zur kritischen Rezeption Max Webers, Stuttgart.

Hennis, Wilhelm 1973: Die mißverstandene Demokratie – Demokratie, Verfassung, Parlament – Studien zu deutschen Problemen, Freiburg.

Hennis, Wilhelm 1976: Legitimität – Zu einer Kategorie der bürgerlichen Gesellschaft; in: Graf von Kielmansegg, Peter (Hrsg.): Legitimationsprobleme politischer Systeme, Politische Vierteljahresschrift, Sonderheft 7, Opladen: 9–38.

Hering, Gunnar 1981: Griechenland; in: Wende, Frank (Hrsg.): Lexikon zur Geschichte der Parteien in Europa, Stuttgart: 201–234.

Herzog, Werner 1978: Portugal; in: Raschke, Joachim (Hrsg.): Die politischen Parteien in Westeuropa. Geschichte – Programm – Praxis. Ein Handbuch, Reinbek bei Hamburg: 433–451.

Herzog, Werner 1978: Spanien; in: Raschke, Joachim (Hrsg.): Die politischen Parteien in Westeuropa. Geschichte – Programm – Praxis. Ein Handbuch, Reinbek bei Hamburg: 496–515.

Hesse, Joachim Jens/Ellwein, Thomas 1992: Das Regierungssystem der Bundesrepublik Deutschland, Bd. 1: Text, Opladen.

Hesse, Joachim Jens/Ellwein, Thomas 2004: Das Regierungssystem der Bundesrepublik Deutschland, Bd. 1: Text, Berlin.

Hesse, Konrad 2002: Einführung – 30 Jahre Parteiengesetz; in: Tsatsos, Dimitris Th. (Hrsg.): 30 Jahre Parteiengesetz in Deutschland – Die Parteiinstitution im internationalen Vergleich – Aspekte aus Wissenschaft und Politik, Baden-Baden: 38–43.

von der Heydte, Friedrich August/Sacherl, Karl 1955: Soziologie der deutschen Parteien, München.

Hidén, Mikael 1985: The Constitution; in: Uotila, Jaakko (Ed.): The Finnish Legal System, Helsinki: 39–59.

Hobbes, Thomas 1839: Leviathan or, the matter, form, and power of a commonwealth, ecclésiastical and civil, The English Works, Vol. III, ed. by Sir William Molesworth, London.

Hofmann, Hasso 1964: Legitimität gegen Legalität – Der Weg der politischen Philosophie Carl Schmitts, Neuwied.

Holtmann, Everhard (Hrsg.) 2000: Politik-Lexikon, München/Wien.

Höreth, Marcus 1999: Die Europäische Union im Legitimationstrilemma – Zur Rechtfertigung des Regierens jenseits der Staatlichkeit, Baden-Baden.

Ingle, Stephen 2000: The British Party System, London/New York.

Irland Dáil Éireann (Versammlung): Internetseite (http://www.oireachtas.ie).

Irland Labour Party: Internetseite (https://www.labour.ie).

Irland Verfassung, in einer Volksabstimmung am 01.07.1937 angenommen, in Kraft seit dem 29.12.1937.

Isensee, Josef 1992: Verfassungsrecht als „politisches Recht"; in: ders./Kirchhof, Paul (Hrsg.) 1992: Handbuch des Staatsrechts der Bundesrepublik Deutschland, Bd. VII: Normativität und Schutz der Verfassung – Internationale Beziehungen, Heidelberg: 103–162 (§ 162).

Isensee, Josef/Kirchhof, Paul (Hrsg.) 1992: Handbuch des Staatsrechts der Bundesrepublik Deutschland, Bd. VII: Normativität und Schutz der Verfassung – Internationale Beziehungen, Heidelberg.

Ismayr, Wolfgang (Hrsg.) 2003: Die politischen Systeme Westeuropas, Opladen.

Ismayr, Wolfgang (Hrsg.) 2009: Die politischen Systeme Westeuropas, Wiesbaden.

Ismayr, Wolfgang 2010: Die politischen Systeme Osteuropas im Vergleich; in: ders. (Hrsg.): Die politischen Systeme Osteuropas, Wiesbaden: 9–78.

Ismayr, Wolfgang (Hrsg.) 2010: Die politischen Systeme Osteuropas, Wiesbaden.

Italien Camera dei deputati (Abgeordnetenkammer): Internetseite (http://www.camera.it).

Italien Senato (Senat): Internetseite (http://www.senato.it).

Italien Verfassung, von der Verfassunggebenden Versammlung am 22.12.1947 angenommen, in Kraft seit dem 01.01.1948.

Jäger, Wolfgang 1973: Innerparteiliche Demokratie und Repräsentation; in: Jäger, Wolfgang (Hrsg.): Partei und System – Eine kritische Einführung in die Parteienforschung, Stuttgart/Berlin/Köln/ Mainz: 108–151.

Jäger, Wolfgang 1973: Partei und System – Eine kritische Einführung in die Parteienforschung, Stuttgart/Berlin/Köln/Mainz.

Jahn, Detlef 2009: Das politische System Schwedens; in: Ismayr, Wolfgang (Hrsg.): Die politischen Systeme Westeuropas, Wiesbaden: 107–150.

Jakobs, Hermann 1994: Kirchenreform und Hochmittelalter: 1046–1215, Schriftenreihe: Oldenbourg-Grundriß der Geschichte, Bd. 7, München.

Jänicke, Martin (Hrsg.) 1973: Politische Systemkrisen, Berlin.

Jellinek, Georg 1914: Allgemeine Staatslehre, Berlin.

Jennings, Sir Ivor 1960: The Law and the Constitution, London.

Jennings, Sir Ivor 1966: The British Constitution, Cambridge.

Jennings, Sir Ivor/Ritter, Gerhard A. 1970: Das britische Regierungssystem, Köln/Opladen.

Jun, Uwe 2013: Typen und Funktionen von Parteien; in: Niedermayer, Oskar (Hrsg.): Handbuch Parteienforschung, Wiesbaden: 119–146.

Jung, Otmar/Knemeyer, Franz-Ludwig 2001: Im Blickpunkt: Direkte Demokratie, Augsburg.

Jung, Sabine 2001: Die Logik direkter Demokratie, Wiesbaden.

Kaase, Max 1992: Legitimitätsüberzeugungen; in: Nohlen, Dieter (Hrsg.): Lexikon der Politik, Bd. 3: Die westlichen Länder, hrsg. von Schmidt, Manfred G., München: 224–231.

Kaiser, Urban 2002: Die „Cleavage-Theorie" nach Lipset/Rokkan: Ein plausibles Erklärungsmodell zur Analyse der Entwicklung des bundesdeutschen Parteiensystems nach 1945, München.

Kaltefleiter, Werner 1984: Parteien im Umbruch, Düsseldorf/Wien.

Kaltefleiter, Werner/Veen, Hans-Joachim 1974: Zwischen freiem und imperativem Mandat – Zur Bindung von Mandatsträgern in der Verfassungswirklichkeit der Bundesrepublik; in: Zeitschrift für Parlamentsfragen, Heft 2: 246–267.

Karpen, Ulrich 2005: Elektronische Wahlen? Baden-Baden.

Kassaras, Joannis Th. 1983: Die griechische Verfassung von 1975 – Entstehung und Probleme, Heidelberg/Hamburg.

Katsoulis, Ilias 1978: Griechenland; in: Raschke, Joachim (Hrsg.): Die politischen Parteien in Westeuropa. Geschichte – Programm – Praxis. Ein Handbuch, Reinbek bei Hamburg: 215–237.

Kaufmann, Marcel 1997: Europäische Integration und Demokratieprinzip, Baden-Baden.

Kelly, John Maurice 1961: Fundamental Rights in the Irish Law and Constitution, Dublin.

Kelly, John Maurice 1990: Die Institution der politischen Partei in Irland; in: Tsatsos, Dimitris Th./ Schefold, Dian/Schneider, Hans-Peter (Hrsg.): Parteienrecht im europäischen Vergleich – Die Parteien in den demokratischen Ordnungen der Staaten der Europäischen Gemeinschaft, Baden-Baden: 337–365.

Kempf, Udo 1975: Das politische System Frankreichs, Opladen.

Kerameus, Konstantinos D./Kozyris, Phaedon J. 1988: Introduction to Greek Law, Deventer/Antwerp/ London/Frankfurt/Boston/New York.

Kersting, Wolfgang 1995: Vertragstheorien; in: Nohlen, Dieter (Hrsg.): Lexikon der Politik, Bd. 1: Politische Theorien, hrsg. von Nohlen, Dieter/Schultze, Rainer-Olaf, München: 680–686.

Kevenhörster, Paul 1975: Das imperative Mandat – Seine gesellschaftliche Bedeutung, Frankfurt am Main/New York.

Graf von Kielmansegg, Peter (Hrsg.) 1976: Legitimationsprobleme politischer Systeme, Politische Vierteljahresschrift, Sonderheft 7, Opladen.

Graf von Kielmansegg, Peter 1977: Volkssouveränität. Eine Untersuchung der Bedingungen demokratischer Legitimität, Stuttgart.

Kipp, Heinrich 1949: Staatslehre. Mensch, Recht und Staat, Köln.

Kirchheimer, Otto 1965: Der Wandel des westeuropäischen Parteiensystems; in: Politische Vierteljahresschrift, 6. Jg., Heft 1: 20–41.

Kirschbaum, Stanislav J. 1995: A History of Slovakia, The Struggle for Survival, Basingstoke.

Koellreutter, Otto 1926: Die politischen Parteien im modernen Staate, Breslau.

Kral, Gerhard 2001: Politische Mitwirkung; in: Graf von Westphalen, Raban (Hrsg.): Deutsches Regierungssystem, München/Wien: 483–524.

Kreidler-Preuss, Daniela 1988: Voraussetzungen für die Beurteilung der Konsequenzen des EG-
Beitritts Portugals unter Berücksichtigung wirtschaftlicher, politischer und rechtlicher Aspekte,
Münster.

Kriele, Martin 1990: Einführung in die Staatslehre – Die geschichtlichen Legitimitätsgrundlagen des
demokratischen Verfassungsstaates, Opladen.

Krippendorff, Ekkehart 1962: Das Ende des Parteienstaates? In: Der Monat, Heft 160, 01/1962: 64–70.

Kroatien Sabor (Parlament): Internetseite (http://www.sabor.hr).

Kroatien Verfassung, vom Parlament am 21.12.1990 angenommen, in Kraft seit dem 22.12.1990.

Kroatien Zakon o političkim strankama (Gesetz über politische Parteien), Narodne novine (Amtsblatt)
PA4-61/1-93

Kunczik, Michael/Zipfel, Astrid 2001: Publizistik, Köln.

Kunig, Philip 2000: [GG] Präambel; in: von Münch, Ingo/Kunig, Philip (Hrsg.): Grundgesetz-Kommentar, Bd. 1 (Präambel bis Art. 19), München: 1–20.

Kunz, Rainer 1978: Finnland; in: Stammen, Theo (Hrsg.): Parteien in Europa. Nationale Parteiensysteme, Transnationale Parteienbeziehungen, Konturen eines europäischen Parteiensystems, München: 213–222.

Kunz, Rainer 1978: Frankreich; in: Stammen, Theo (Hrsg.): Parteien in Europa. Nationale Parteiensysteme, Transnationale Parteienbeziehungen, Konturen eines europäischen Parteiensystems,
München: 74–93.

Kunz, Rainer 1978: Schweden; in: Stammen, Theo (Hrsg.): Parteien in Europa. Nationale Parteiensysteme, Transnationale Parteienbeziehungen, Konturen eines europäischen Parteiensystems,
München: 193–201.

Kurz, Hanns 1965: Volkssouveränität und Volksrepräsentation, Köln/Berlin/Bonn/München.

Lademacher, Horst/van Slooten, Pieter 1981: Niederlande; in: Wende, Frank (Hrsg.): Lexikon zur
Geschichte der Parteien in Europa, Stuttgart: 403–425.

Lagoni, Rainer 1973: Die politischen Parteien im Verfassungssystem der Republik Irland, Frankfurt am
Main.

Lahme, Hans-Norbert 1981: Dänemark; in: Wende, Frank (Hrsg.): Lexikon zur Geschichte der Parteien
in Europa, Stuttgart: 45–66.

Lanchester, Fulco 1990: Die Institution der politischen Partei in Italien; in: Tsatsos, Dimitris Th./
Schefold, Dian/Schneider, Hans-Peter (Hrsg.): Parteienrecht im europäischen Vergleich – Die
Parteien in den demokratischen Ordnungen der Staaten der Europäischen Gemeinschaft, Baden-
Baden: 367–433.

Landfried, Christine (Ed.) 1988: Constitutional Review and Legislation, An International Comparison,
Baden-Baden.

Le Divellec, Armel 2015: Entstehung und Entwicklung der verfassungsrechtlichen Verankerung der
Parteien in Deutschland und Frankreich; in: von Alemann, Ulrich/Morlok, Martin/Roßner, Sebas-
tian (Hrsg.): Politische Parteien in Frankreich und Deutschland, Späte Kinder des Verfassungsstaates, Baden-Baden: 13–39.

Leibholz, Gerhard 1958: Strukturprobleme der modernen Demokratie, Karlsruhe.

Leibholz, Gerhard 1960: Das Wesen der Repräsentation und der Gestaltwandel der Demokratie im
20. Jahrhundert, Berlin.

Lenz, Carsten/Ruchlak, Nicole 2001: Kleines Politik-Lexikon, München/Wien.

Lettland Politisko organizāciju (partiju) finansēšanas likums (Gesetz über die Finanzierung politischer Organisationen (Parteien)), Latvijas Vēstnesis (Lettischer Anzeiger) 114 (397), 1995.

Lettland Politisko partiju likums (Gesetz über politische Parteien), Latvijas Vēstnesis 107 (3475), 2006.

Lettland Saeima (Parlament): Internetseite (http://www.saeima.lv).

Lettland Verfassung, ursprünglich von der Verfassungsgebenden Versammlung am 15.02.1922 angenommen und am 07.11.1922 in Kraft getreten, am 15.05.1934 durch einen Staatsstreich außer Kraft gesetzt, nach Parlamentsbeschluss wieder in Kraft seit dem 06.07.1993.

Lewis, Bernard 1991: Die politische Sprache des Islam, engl. zuerst 1988, Hamburg.

Lieber, Hans J. (Hrsg.): Politische Theorien von der Antike bis zur Gegenwart, Bonn.

Lincoln, Abraham 1863: "The Gettysburg Address", delivered at Gettysburg on 19.11.; in: The Library of Congress: Internetseite (http://www.loc.gov/exhibits/gettysburg-address).

Litauen Parteiengesetz, Nr. I-606 (25.09.1990); in: Valstybės žinios (Staatsanzeiger, 29.09.1990).

Litauen Seimas (Parlament): Internetseite (http://www.lrs.lt).

Litauen Verfassung, in einer Volksabstimmung am 25.10.1992 angenommen, in Kraft seit dem 02.11.1992.

Lönne, Karl-Egon 1986: Politischer Katholizismus im 19. und 20. Jahrhundert, Frankfurt am Main.

Lösche, Peter 1998: Direkte Demokratie; in: Nohlen, Dieter (Hrsg.): Lexikon der Politik, Bd. 7: Politische Begriffe, hrsg. von Nohlen, Dieter/Schultze, Rainer-Olaf/Schüttemeyer, Suzanne S., München: 129–131.

Löwenthal, Richard (Hrsg.) 1979: Gesellschaftswandel und Kulturkrise – Zukunftsprobleme der westlichen Demokratien, Frankfurt am Main.

Ludlam, Steve/Taylor, Andrew J./Allender, Paul 2002: Trade Unions and the Political Parties, Elections and Referendum Act (2000) in the 2001 General Election: Tentative Third Parties and Trammelled Officers; in: British Elections & Parties Review, Vol. 12: The 2001 General Election: 156–170.

Luhmann, Niklas 1989: Legitimation durch Verfahren, Frankfurt am Main.

Luxemburg D'Chamber (Kammer): Internetseite (http://www.chd.lu).

Luxemburg Verfassung, von Wilhelm III., König der Niederlande und Großherzog von Luxemburg, am 17.10.1868 angenommen, durch die deutsche Besatzung außer Kraft gesetzt am 10.05.1940, durch Zusammentritt des Vorkriegsparlaments wieder in Kraft seit dem 05.03.1945.

Machos, Csilla 2002: Organisationsstrukturen linker Parlamentsparteien in Ostmitteleuropa, Bonn.

MacIntyre, Alasdair 1981: After Virtue – A Study in Moral Theory, Notre Dame.

Maier, Herbert 1978: Griechenland; in: Stammen, Theo (Hrsg.): Parteien in Europa. Nationale Parteiensysteme, Transnationale Parteienbeziehungen, Konturen eines europäischen Parteiensystems, München: 223–227.

Maier, Herbert 1978: Österreich; in: Stammen, Theo (Hrsg.): Parteien in Europa. Nationale Parteiensysteme, Transnationale Parteienbeziehungen, Konturen eines europäischen Parteiensystems, München: 172–180.

Maier, Herbert 1978: Portugal; in: Stammen, Theo (Hrsg.): Parteien in Europa. Nationale Parteiensysteme, Transnationale Parteienbeziehungen, Konturen eines europäischen Parteiensystems, München: 228–233.

Maier, Herbert 1978: Spanien; in: Stammen, Theo (Hrsg.): Parteien in Europa. Nationale Parteiensysteme, Transnationale Parteienbeziehungen, Konturen eines europäischen Parteiensystems, München: 234–241.

Malta Parteienfinanzierungsgesetz ("Financing of Political Parties Act"), verabschiedet als Gesetz XXIV vom Abgeordnetenhaus am 20.07.2015, in Kraft seit dem 28.07.2015.

Malta Parlament: Internetseite (http://www.parlament.mt).

Malta Verfassung, in einer Volksabstimmung vom 02.-04.05.1964 angenommen, in Kraft seit dem 21.09.1964.

Mandt, Hella 1995: Legitimität; in: Nohlen, Dieter (Hrsg.): Lexikon der Politik, Bd. 1: Politische Theorien, hrsg. von Nohlen, Dieter/Schultze, Rainer-Olaf, München: 284–298.

McHale, Vincent E. (Hrsg.) 1983: Politial Parties of Europa, Westport.

Merkel, Wolfgang 1983a: Das italienische Parteiensystem im Wandel. Erklärungsversuche der Vergangenheit, Entwicklungen der Gegenwart, Tendenzen der Zukunft; in: Österreichische Zeitschrift für Politikwissenschaft: 331–346.

Merkel, Wolfgang 1983b: Das Politische System Italiens; in: Aus Politik und Zeitgeschichte, Nr. 27: 3–14.

Merkel, Wolfgang 2016: Krise der Demokratie? Anmerkungen zu einem schwierigen Begriff; in: Aus Politik und Zeitgeschichte, Nr. 40–42: 4–11.

Meyn, Karl-Ulrich 1975: Die Verfassungskonventionalregeln im Verfassungssystem Großbritanniens, Göttingen.

Michels, Robert 1910: Zur Soziologie des Parteiwesens in der modernen Demokratie, Untersuchungen über die oligarchischen Tendenzen des Gruppenlebens, Leipzig.

Michels, Robert 1957: Zur Soziologie des Parteiwesens in der modernen Demokratie, Neudruck der 2. Aufl., Hrsg. von Werner Conze, Stuttgart.

Miller, Kenneth E. 1991: Denmark. A Troubled Welfare State, Boulder/San Francisco/Oxford.

Milton, John 1911: The Tenure of Kings and Magistrates, New York.

Mintzel, Alf 1984: Die Volkspartei. Typus und Wirklichkeit – Ein Lehrbuch, Opladen.

Mintzel, Alf 1989: Großparteien im Parteienstaat der Bundesrepublik; in: Aus Politik und Zeitgeschichte, Nr. B 11: 3–14.

Mohr, Arno 1988: Politikwissenschaft als Alternative – Stationen einer wissenschaftlichen Disziplin auf dem Weg zu ihrer Selbständigkeit in der Bundesrepublik Deutschland 1945–1965, Bochum.

Mommsen-Reindl, Margareta 1981: Österreich; in: Wende, Frank (Hrsg.): Lexikon zur Geschichte der Parteien in Europa, Stuttgart: 441–470.

Monath, Hagen 1998: Politische Parteien auf europäischer Ebene – Der Inhalt des Art. 138a EGV und seine Bedeutung im Rahmen der europäischen Integration, Bonn.

Morlok, Martin 2008: Einführung in die Thematik; in: ders./von Alemann, Ulrich/Merten, Heike: Gemeinwohl und politische Parteien, Baden-Baden: 9–21.

Morlok, Martin 2013a: Das Recht der Parteimitgliedschaft in vergleichender Perspektive; in: von Alemann, Ulrich/Morlok, Martin/Spier, Tim (Hrsg.): Parteien ohne Mitglieder? Baden-Baden: 183–195.

Morlok, Martin 2013b: Rechtliche Grundlagen; in: Niedermayer, Oskar (Hrsg.): Handbuch Parteienforschung, Wiesbaden: 241–260.

Morlok, Martin/Poguntke, Thomas/Zons, Gregor (Hrsg.) 2016: Etablierungschancen neuer Parteien, Baden-Baden.

von Münch, Ingo/Kunig, Philip (Hrsg.) 2000: Grundgesetz-Kommentar, Bd. 1 (Präambel bis Art. 19), München.

Münch, Richard 1976: Legitimität und politische Macht, Opladen.

Murphy, Detlef (Analyse der PCI: Heinz Timmermann) 1978: Italien; in: Raschke, Joachim (Hrsg.): Die politischen Parteien in Westeuropa. Geschichte – Programm – Praxis. Ein Handbuch, Reinbek bei Hamburg: 305–365.

Murphy, Detlef 1978: Irland; in: Raschke, Joachim (Hrsg.): Die politischen Parteien in Westeuropa. Geschichte – Programm – Praxis. Ein Handbuch, Reinbek bei Hamburg: 282–300.

Nannestad, Peter 2009: Das politische System Dänemarks; in: Ismayr, Wolfgang (Hrsg.): Die politischen Systeme Westeuropas, Wiesbaden: 65–106.

Naßmacher, Karlheinz 1968: Das österreichische Regierungssystem, Köln/Opladen.

Neumann, Franz 1995: Legalität; in: Drechsler, Hanno/Hilligen, Wolfgang/Neumann, Franz (Hrsg.): Gesellschaft und Staat. Lexikon der Politik, München: 508.

Neumann, Franz 1995: Legitimität; in: Drechsler, Hanno/Hilligen, Wolfgang/Neumann, Franz (Hrsg.): Gesellschaft und Staat. Lexikon der Politik, München: 509.

Neumann, Franz 1995: Parteien; in: Drechsler, Hanno/Hilligen, Wolfgang/Neumann, Franz (Hrsg.): Gesellschaft und Staat. Lexikon der Politik, München: 612–619.

Neumann, Franz 2003: Legitimität; in: Drechsler, Hanno/Hilligen, Wolfgang/Neumann, Franz (Hrsg.): Gesellschaft und Staat. Lexikon der Politik, München: 608–609.

Neutatz, Dietmar 2013: Träume und Alpträume: Eine Geschichte Russlands im 20. Jahrhundert, München.

Niclauß, Karlheinz 2002: Das Parteiensystem der Bundesrepublik Deutschland – Eine Einführung, Paderborn/München/Wien/Zürich.

Niederlande Tweede Kamer (Zweite Kammer): Internetseite (https://www.tweedekamer.nl).

Niederlande Verfassung, von Wilhelm I., König der Niederlande, am 24.08.1815 angenommen, durch die deutsche Besatzung außer Kraft gesetzt am 10.05.1940, nach der Kapitulation der Wehrmacht in den Niederlanden wieder in Kraft seit dem 06.05.1945.

Niedermayer, Oskar 1993: Innerparteiliche Demokratie; in: ders./Stöss, Richard: Stand und Perspektiven der Parteienforschung in Deutschland, Opladen: 230–250.

Niedermayer, Oskar 2013: Die Analyse einzelner Parteien; in: ders. (Hrsg.): Handbuch Parteienforschung, Wiesbaden: 61–82.

Niedermayer, Oskar 2013: Die Parteiensysteme der EU-Mitgliedstaaten; in: ders. (Hrsg.): Handbuch Parteienforschung, Wiesbaden: 847–874.

Niedermayer, Oskar (Hrsg.) 2013: Handbuch Parteienforschung, Wiesbaden.

Niedermayer, Oskar/Stöss, Richard 1993: Stand und Perspektiven der Parteienforschung in Deutschland, Opladen.

Niedermayer, Oskar/Stöss, Richard/Haas, Melanie (Hrsg.) 2006: Die Parteiensysteme Westeuropa, Wiesbaden.

Niehuis, Edith 2011: Die Zerstörung der Parteiendemokratie von oben nach unten; in: Aus Politik und Zeitgeschichte, Nr. 44–45: 7–11.

Nippel, Wilfred 1993: Politische Theorien in der griechisch-römischen Antike; in: Lieber, Hans J. (Hrsg.): Politische Theorien von der Antike bis zur Gegenwart, Bonn: 17–46.

Nohlen, Dieter (Hrsg.) 1992: Lexikon der Politik, Bd. 3: Die westlichen Länder, hrsg. von Schmidt, Manfred G., München.

Nohlen, Dieter (Hrsg.) 1985: Pipers Wörterbuch zur Politik, Bd. 1: Politikwissenschaft, Theorien – Methoden – Begriffe, München/Zürich.

Nohlen, Dieter (Hrsg.) 1995: Lexikon der Politik, Bd. 1: Politische Theorien, hrsg. v. Nohlen, Dieter/Schultze, Rainer-Olaf, München.

Nohlen, Dieter (Hrsg.) 1998: Lexikon der Politik, Bd. 7: Politische Begriffe, hrsg. v. Nohlen, Dieter/Schultze, Rainer-Olaf/Schüttemeyer, Suzanne S., München.

Nohlen, Dieter (Hrsg.) 2002: Kleines Lexikon der Politik, München.

Nohlen, Dieter 2014: Wahlrecht und Parteiensystem. Zur Theorie und Empirie der Wahlsysteme, Opladen.

Nohlen, Dieter/Schultze, Rainer-Olaf (Hrsg.) 2002: Lexikon der Politikwissenschaft – Theorien, Methoden, Begriffe, Bd. 1: A-M, München.

O'Regan, Valerie 1999: Republic of Austria (Republik Österreich); in: Delury, George E. (Ed.): World Encyclopedia of Political Systems and Parties, Vol. I: Afghanistan-France, ed. by Deborah A. Kaple, New York/Oxford: 61–70.

Oberreuter, Heinrich 1992: Politische Führung in der parlamentarischen Demokratie; in: Bracher, Karl Dietrich (Hrsg.): Staat und Parteien, Festschrift für Rudolf Morsey zum 65. Geburtstag, Berlin: 159–174.

OSCE 2013: Office for Democratic Institutions and Human Rights, Romania Parliamentary Elections 9 December 2012, Final Report, Warschau.

Österreich Bundesgesetz über die Finanzierung politischer Parteien, BGBl. Nr. 404/1975; BGBl. I Nr. 56/ 2012.

Österreich Nationrat: Internetseite (https://www.parlament.gv.at/wwer/nr).

Österreich Verfassung „Bundes-Verfassungsgesetz", von der Konstituierenden Nationalversammlung am 01.10.1920 angenommen, in Kraft getreten am 10.11.1920, durch Kundmachung der Bundesregierung außer Kraft gesetzt am 01.05.1934, durch Beschluss des Nationalrates wieder in Kraft seit dem 19.12.1945.

Österreichische Volkspartei Bundespartei-Organisationsstatut, vom 37. Bundesparteitag am 12.05.2015 angenommen, seitdem in Kraft.

Ostrogorski, Moisej Jakovlevic 1903: La démocratie et l'organisation des partis politiques, Paris.

Pace, Joe Felice 2012: An unpublished Maltese-English dictionary; in: Ilsienna – Our Languague – Vol. 2, 103–111.

de Padua, Marsilii 1932: Defensor Pacis, hrsg. von Richard Scholz, Hannover.

Papadimitriou, Georgios 1990: Die Institution der politischen Partei in Griechenland; in: Tsatsos, Dimitris Th./Schefold, Dian/Schneider, Hans-Peter (Hrsg.): Parteienrecht im europäischen Vergleich – Die Parteien in den demokratischen Ordnungen der Staaten der Europäischen Gemeinschaft, Baden-Baden: 261–299.

Pareigis, Bodo 2006: Sind Wahlen undemokratisch? München (http://www.mathematik.uni-muenchen.de/~pareigis/Papers/Wahlen.pdf).

Pelinka, Anton 1978: Österreich; in: Raschke, Joachim (Hrsg.): Die politischen Parteien in Westeuropa. Geschichte – Programm – Praxis. Ein Handbuch, Reinbek bei Hamburg: 412–432.

Pelling, Henry 1954: Origins of the Labour Party, 1880–1900, London.

Pesonen, Pertti/Rantala, Onni 1978: Finnland; in: Raschke, Joachim (Hrsg.): Die politischen Parteien in Westeuropa. Geschichte – Programm – Praxis. Ein Handbuch, Reinbek bei Hamburg: 141–157.

Peter, Horst/Sprafke, Norbert 1981: Demokratisierung der Willensbildung – Für die Rückgewinnung der politischen Handlungsfähigkeit der SPD! In: Thüsing/Klönne/Hesse: 65–75.

Petersen, Jens 1981: Italien; in: Wende, Frank (Hrsg.): Lexikon zur Geschichte der Parteien in Europa, Stuttgart: 293–317.

Pfahlberg, Bernhard/Weixner, Bärbel (Bearbeiter) 1995: Herder-Lexikon Politik, Freiburg/Basel/ Wien.

Philipps, O. Hood/Jackson, Paul 1978: Constitutional and Administrative Law, London.

Poier, Klaus 2015: Gegensatz, Ergänzung, Korrektiv: Welche Funktionen der direkten Demokratie sollen gestärkt werden? In: Öhlinger, Theo/Poier, Klaus (Hrsg.): Direkte Demokratie und Parlamentarismus: Wie kommen wir zu den besten Entscheidungen? Wien, Köln, Graz: 201–226.

Polen Sejm (Volksversammlung): Internetseite (http://www.sejm.gov.pl).

Polen Ustawa o partiach politycznych (Gesetz über politische Parteien), Dz. U. (Dziennik Ustaw; Gesetzblatt) 1990 Nr. 54, poz. 312; Dz. U. 1997 Nr. 98, poz. 604.

Polen Verfassung, in einer Volksabstimmung am 25.05.1997 angenommen, in Kraft seit dem 17.10.1997.

Portugal Assembleia da República (Versammlung der Republik): Internetseite (http://www.parlamento.pt).

Portugal Lei dos Partidos Políticos (Gesetz über politische Parteien), Diário do Governo (Regierungsanzeiger) Decreto-Lei (Gesetzesdekret) n.º 595/74; Diário da República (Anzeiger der Republik) Lei Orgânica (Organgesetz) n.º 2/2003.

Portugal Verfassung, von der Verfassungsgebenden Versammlung am 02.04.1976 angenommen, in Kraft seit dem 25.04.1976.

Potter, Allen 1961: Organized Groups in British National Politics, London: Faber and Faber, 395 p.

Prijatelj, Ivan 1955: Slovenska kulturnopolitična in slovstvena zgodovina, Bd. I: Staroslovenci, 1. Obdobje tvornega konservatizma: 1848–1860.

Puente Egido, José 1990: Die Institution der politischen Parteien in Spanien; in: Tsatsos, Dimitris Th./ Schefold, Dian/Schneider, Hans-Peter (Hrsg.): Parteienrecht im europäischen Vergleich – Die Parteien in den demokratischen Ordnungen der Staaten der Europäischen Gemeinschaft, Baden-Baden: 635–694.

Pulch, Michael Walther Emanuel 1987: Parteienfinanzierung in Frankreich und Großbritannien, Bonn.

Raschke, Joachim (Hrsg.) 1978: Die politischen Parteien in Westeuropa. Geschichte – Programm – Praxis. Ein Handbuch, Reinbek bei Hamburg.

Riedel, Sabine 2010: Das politische System Bulgariens; in: Ismayr, Wolfgang (Hrsg.): Die politischen Systeme Osteuropas, Wiesbaden: 677–728.

Rogel, Carole 1977: The Slovenes and Yugoslavism 1890–1914, New York.

Romsics, Ignác/Király, Béla K. (Hrsg.) 1999: Geopolitics in the Danube Region: Hungarian Reconciliation Efforts, 1848–1998, Budapest.

Ronge, Frank 1998: Legitimität durch Subsidiarität – Der Beitrag des Subsidiaritätsprinzips zur Legitimation einer überstaatlichen politischen Ordnung, Baden-Baden.

Rubart, Frauke 1978: Dänemark; in: Raschke, Joachim (Hrsg.): Die politischen Parteien in Westeuropa. Geschichte – Programm – Praxis. Ein Handbuch, Reinbek bei Hamburg: 122–140.

Rumänien Camera Deputaților (Abgeordnetenkammer): Internetseite (http://www.cdep.ro).

Rumänien Legea partidelor politice (Gesetz über politische Parteien), Monitorul Oficial (Offizieller Anzeiger) nr. 87 Legea nr. 27 din 1996; Monitorul Oficial nr. 25 Legea nr. 14 din 2003.

Rumänien Verfassung, von einer Volksabstimmung am 08.12.1991 angenommen, seitdem in Kraft.

Schäffer, Heinz 1986: Parteienstaatlichkeit – Krisensymptome des demokratischen Verfassungsstaats? In: Veröffentlichungen der Vereinigung der Deutschen Staatsrechtslehrer, Heft 44: 46–82.

Schambeck, Herbert 1976: Die Stellung der politischen Parteien nach österreichischem Verfassungsrecht; in: Wildenmann, Rudolf (Hrsg.): Form und Erfahrung, Ein Leben für die Demokratie, Festschrift für Ferdinand A. Hermes, Berlin: 61–79.

Scharpf, Fritz 1970: Demokratietheorie zwischen Utopie und Anpassung, Konstanz.

Scharpf, Fritz W. 1999: Regieren in Europa: effektiv und demokratisch? Frankfurt am Main/New York.

Scheuner, Ulrich 1980: Verfassungsgerichtsbarkeit und Gesetzgebung; in: Die Öffentliche Verwaltung, 33. Jg., Heft 13/14: 473–480.

Schmidt, Karsten 1997: Gesellschaftsrecht, Köln/Berlin.

Schmidt, Manfred G. 1995: Demokratietheorie, Opladen.

Schmidt, Thomas 2010: Das politische System Lettlands; in: Ismayr, Wolfgang (Hrsg.): Die politischen Systeme Osteuropas, Wiesbaden: 123–170.

Schmitt, Carl 1928: Verfassungslehre, unveränderter Nachdruck der 1. Aufl. von 1970, Berlin.

Schmitt, Carl 1931: Der Hüter der Verfassung, Berlin.

Schmitt, Carl 1932: Legalität und Legitimität (erschienen 1932); in: Schmitt, Carl 1954: Verfassungsrechtliche Aufsätze aus den Jahren 1924–1954 – Materialien zu einer Verfassungslehre, Berlin: 263–350.

Schmitt, Carl 1954: Verfassungsrechtliche Aufsätze aus den Jahren 1924–1954 – Materialien zu einer Verfassungslehre, Berlin.

Schneider, Hans-Peter 1990: Die Institution der politischen Partei in der Bundesrepublik Deutschland; in: Tsatsos, Dimitris Th./Schefold, Dian/Schneider, Hans-Peter (Hrsg.): Parteienrecht im europäischen Vergleich – Die Parteien in den demokratischen Ordnungen der Staaten der Europäischen Gemeinschaft, Baden-Baden: 151–218.

Schubert, Klaus/Klein, Martina 2001: Das Politiklexikon, Bonn.

Schultze, Rainer-Olaf 1998: Partei; in: Nohlen, Dieter (Hrsg.): Lexikon der Politik, Bd. 7: Politische Begriffe, hrsg. von Nohlen, Dieter/Schultze, Rainer-Olaf/Schüttemeyer, Suzanne S., München: 455–457.

Schultze, Rainer-Olaf 2002: Partei; in: Nohlen, Dieter/Schultze, Rainer-Olaf (Hrsg.): Lexikon der Politikwissenschaft – Theorien, Methoden, Begriffe, Bd. 1: A-M, München: 350–352.

Schuster, Hans 1957: Die Heerschau der Parteien. Theorie und Praxis der Parteitage; in: Politische Studien, Heft 88/89: 57–72.

Schüttemeyer, Suzanne S. 1998: Fraktion; in: Nohlen, Dieter (Hrsg.): Lexikon der Politik, Bd. 7: Politische Begriffe, hrsg. von Nohlen, Dieter/Schultze, Rainer-Olaf/Schüttemeyer, Suzanne S., München: 193–194.

Schüttemeyer, Suzanne S. 1998: Legal-rational; in: Nohlen, Dieter (Hrsg.): Lexikon der Politik, Bd. 7: Politische Begriffe, hrsg. von Nohlen, Dieter/Schultze, Rainer-Olaf/Schüttemeyer, Suzanne S., München: 348.

Schüttemeyer, Suzanne S. 1998: Opposition; in: Nohlen, Dieter (Hrsg.): Lexikon der Politik, Bd. 7: Politische Begriffe, hrsg. von Nohlen, Dieter/Schultze, Rainer-Olaf/Schüttemeyer, Suzanne S., München: 441–443.

Schüttemeyer, Suzanne S. 1998: Parlament; in: Nohlen, Dieter (Hrsg.): Lexikon der Politik, Bd. 7: Politische Begriffe, hrsg. von Nohlen, Dieter/Schultze, Rainer-Olaf/Schüttemeyer, Suzanne S., München: 450–451.

Schweden Riksdag (Reichstag): Internetseite (http://www.riksdagen.se).

Schweden Verfassung „Regeringsformen" (Regierungsform; daneben gehören zur schwedischen Verfassung die drei „Grundgesetze" über die Thronfolge sowie die Presse- und Meinungsfreiheit; zit. wird in dieser Studie nur die Regierungsform), vom Reichstag am 28.02.1974 angenommen, in Kraft seit dem 01.01.1975.

Schwegmann, Friedrich G. 1998: Legalität/Legalitätsprinzip; in: Nohlen, Dieter (Hrsg.): Lexikon der Politik, Bd. 7: Politische Begriffe, hrsg. von Nohlen, Dieter/Schultze, Rainer-Olaf/Schüttemeyer, Suzanne S., München: 348–350.

Seifert, Karl-Heinz 1975: Die politischen Parteien im Recht der Bundesrepublik Deutschland, Köln.

Senelle, Robert 1970: Die Revision der belgischen Verfassung 1967–1970, Informationsdienst Nr. 59, Brüssel.

Senelle, Robert 1971: Die Revision der belgischen Verfassung 1967–1970, Informationsdienst Nr. 61/62, Brüssel.

Siaroff, Alan 2000: Comparative European Party Systems : An Analysis of Parliamentary Elections since 1945, New York/London.

Sickinger, Hubert 2002: Überlegungen zur Reform der österreichischen Parteienfinanzierung; in: Österreichische Zeitschrift für Politikwissenschaft, Nr. 31/1: 73–90.

Slowakei Gesetz über politische Parteien und Bewegungen, Nr. 85/2005 (04.02.2005); in: Zbierka zákonov (Satzung, 01.06.2005).

Slowakei Národná rada (Nationalrat): Internetseite (http://www.nrsr.sk).

Slowakei Verfassung, vom Nationalrat am 01.09.1992 angenommen, in Kraft getreten am 01.10.1992/ 01.01.1993 (Auflösung der Tschechoslowakei).

Slowenien Državni zbor (Nationalversammlung): Internetseite (http://www.dz-rs.si).

Slowenien Verfassung, von der Nationalversammlung am 23.12.1991 angenommen, seitdem in Kraft.

Slowenien Zakon o političnih strankah (Gesetz über politische Parteien), Uradni list RS (Amtsblatt Republik Slowenien), št. 62/1994; Uradni list RS, št. 100/2005.

Smend, Rudolf 1968: Staatsrechtliche Abhandlungen und andere Aufsätze, Berlin.

Smith, Gordon 1982: The German Volkspartei and the Career of the Catch-All-Concept; in: Döring, Herbert/Smith, Gordon (Ed.): Party Government and Political Culture in Western Europe, Basingstoke/London: 59–76.

Smith, Gordon 1990: Die Institution der politischen Partei in Großbritannien; in: Tsatsos, Dimitris Th./ Schefold, Dian/Schneider, Hans-Peter (Hrsg.): Parteienrecht im europäischen Vergleich – Die

Parteien in den demokratischen Ordnungen der Staaten der Europäischen Gemeinschaft, Baden-Baden: 301–336.

Sontheimer, Kurt 1967: Der demokratische Prozeß in den Parteien; in: Schriftenreihe der Friedrich-Naumann-Stiftung zur Politik und Zeitgeschichte, Bd. 12: Parteien, Wahlrecht, Demokratie, Köln/Opladen: 78–93.

Sontheimer, Kurt 1972: Das politische System Großbritanniens, München.

de Sousa, Marcelo Rebelo 1990: Die Institution der politischen Partei in Portugal; in: Tsatsos, Dimitris Th./Schefold, Dian/Schneider, Hans-Peter (Hrsg.): Parteienrecht im europäischen Vergleich – Die Parteien in den demokratischen Ordnungen der Staaten der Europäischen Gemeinschaft, Baden-Baden: 591–634.

de Sousa, Marcelo Rebelo 1993: Die politischen Parteien und das Recht der Opposition in Portugal; in: Jahrbuch des öffentlichen Rechts der Gegenwart, Neue Folge, Bd. 41: 309–317.

Spanien Congreso de los Diputados (Abgeordentenversammlung): Internetseite (http://www.congreso.es).

Spanien Ley de Partidos Políticos (Gesetz über politische Parteien), BOE (Boletín Oficial del Estado; Offizieller Staatsanzeiger) núm. 293 Ley 54/1978; BOE núm. 154 Ley 6/2002.

Spanien Verfassung, in einer Volksabstimmung am 06.12.1978 angenommen, in Kraft seit dem 29.12.1978.

Stammen, Theo (Hrsg.) 1978: Parteien in Europa. Nationale Parteiensysteme, Transnationale Parteien-beziehungen, Konturen eines europäischen Parteiensystems, München.

Statistics Estonia 2015: Minifacts about Estonia, Tallinn.

Stefan, Holger 1969: Berufsverbände und Institutionen der französischen Demokratie in der Vierten und Fünften Republik; in: Jahrbuch des öffentlichen Rechts der Gegenwart, Neue Folge, Bd. 18: 95–150.

Stelkens, Ulrich 1999: Die politische Partei – Eine Institution des Zivilrechts? Erstveröffentlichung in: Bertschi, Martin (Hrsg.): Demokratie und Freiheit, 39. Tagung der Wiss. Mitarbeiterinnen und Mitarbeiter der Fachrichtung Öffentliches Recht, Zürich: 95–122.

Stentzel, Rainer 2002: Integrationsziel Parteiendemokratie, Rechtliche Rahmenbedingungen für eine Demokratisierung der Europäischen Union, Baden-Baden.

Stern, Klaus 1984: Das Staatsrecht der Bundesrepublik Deutschland, Bd. I, München.

Sternberger, Dolf 1962: Grund und Abgrund der Macht. Kritik der Rechtmäßigkeit heutiger Regierungen, Frankfurt am Main.

Stjernquist, Nils 1977: Die schwedische Verfassung von 1975; in: Jahrbuch des öffentlichen Rechts der Gegenwart, Neue Folge, Bd. 26: 315–383.

Stork, Volker 2001: Die »Zweite Moderne« – ein Markenartikel? Konstanz.

Stubbe-da Luz, Helmut 1998: Parteien als politische Unternehmen: Der Parteienforscher Moisei Ostrogorski (1854–1919) und die heutige Parteienhistorie in Deutschland und Frankreich; in: Francia (Hrsg. vom Deutschen Historischen Institut Paris) 1998: Forschungen zur westeuropäischen Geschichte, Bd. 24/3 (19./20. Jahrhundert – Histoire contemporaine), Stuttgart: 169–182.

Suetens, Louis Paul 1990: Die Institution der politischen Partei in Belgien; in: Tsatsos, Dimitris Th./Schefold, Dian/Schneider, Hans-Peter (Hrsg.): Parteienrecht im europäischen Vergleich – Die Parteien in den demokratischen Ordnungen der Staaten der Europäischen Gemeinschaft, Baden-Baden: 27–72.

Szajkowski, Bogdan 2005: Political Parties of the World, London.

Talmon, Jacob 2013: Die Geschichte der totalitären Demokratie III, Göttingen.

Thomas, Alastair H. 1999: Denmark (Kongeriget Danmark); in: Delury, George E. (Ed.): World Encyclopedia of Political Systems and Parties, Vol. I: Afghanistan-France, ed. by Deborah A. Kaple, New York/Oxford: 283–300.

Thomashausen, André 1981a: Portugal; in: Wende, Frank (Hrsg.): Lexikon zur Geschichte der Parteien in Europa, Stuttgart: 495–515.

Thomashausen, André 1981b: Verfassung und Verfassungswirklichkeit im neuen Portugal, Berlin.

Trappe, Hans-Joachim 1969: Die verfassungsrechtliche Stellung der politischen Parteien in Italien; in: Jahrbuch des öffentlichen Rechts der Gegenwart, Neue Folge, Bd. 18: 150–199.

Trausch, Gilbert 1981: Luxemburg; in: Wende, Frank (Hrsg.): Lexikon zur Geschichte der Parteien in Europa, Stuttgart: 387–393.

Treue, Wolfgang 1961: Deutsche Parteiprogramme 1861–1961, Göttingen.

Triepel, Heinrich 1927: Die Staatsverfassung und die politischen Parteien. Rede bei der Feier der Erinnerung an den Stifter der Berliner Universität König Friedrich Wilhelm III. in der alten Aula am 03.08.1927, Berlin.

Tsatsos, Dimitris Th. (Hrsg.) 2002: 30 Jahre Parteiengesetz in Deutschland – Die Parteiinstitution im internationalen Vergleich – Aspekte aus Wissenschaft und Politik, Baden-Baden.

Tsatsos, Dimitris Th. 1988: Zu einer gemeinsamen europäischen Parteienrechtskultur? In: Die öffentliche Verwaltung, 41. Jg., Heft 1: 1–7.

Tsatsos, Dimitris Th. 1990: Die neue griechische Verfassung, Parlamentarische Ohnmacht statt demokratischer Kontrolle, Heidelberg.

Tsatsos, Dimitris Th. 1994: Krisendiskussion, politische Alternativlosigkeit, Parteienstaatsübermaß – Drei Gegenwartsaspekte zur Funktion der politischen Parteien nach Art. 21 Abs. 1 GG; in: Däubler-Gmelin, Herta/Kinkel, Klaus/Meyer, Hans/Simon, Helmut (Hrsg.): Gegenrede, Aufklärung – Kritik – Öffentlichkeit, Festschrift für Ernst Gottfried Mahrenholz, Baden-Baden: 397–410.

Tsatsos, Dimitris Th./Morlok, Martin 1982: Parteienrecht. Eine verfassungsrechtliche Einführung, Heidelberg.

Tsatsos, Dimitris Th./Schefold, Dian/Schneider, Hans-Peter (Hrsg.) 1990: Parteienrecht im europäischen Vergleich – Die Parteien in den demokratischen Ordnungen der Staaten der Europäischen Gemeinschaft, Baden-Baden.

Tschechische Republik Charta der Grundrechte und Grundfreiheiten, Nr. 23/1991 (09.01.1991; nach Auflösung der Tschechoslowakei in der Tschechischen Republik in Kraft gemäß Beschluss des Nationalrates Nr. 2/1993).

Tschechische Republik Verfassung, vom Nationalrat am 16.12.1992 angenommen, in Kraft seit dem 01.01.1993.

Tschechische Republik Parlament: Internetseite (http://www.psp.cz).

Tschechische Republik Zákon o sdružování v politických stanách (Gesetz über Organisationen und politische Parteien), Zákon (Gesetz) č. 15/1990 Sb. (Sbírka zákonů; Gesetzessammlung); Zákon č. 424/1991 Sb.

Ungarn Országgyulés (Nationalversammlung): Internetseite (http://www.parlament.hu).

Ungarn törvény a pártok működéséről és gazdálkodásáról (Gesetz über die Funktion und Verwaltung von Parteien), Magyar Közlöny (Ungarisches Amtsblatt) 1989. évi XXXIII. törvény (Gesetz).

Ungarn Verfassung, vom Parlament am 18.04.2011 angenommen, in Kraft seit dem 01.01.2012.

US Congress 1776: The Declaration of Independence of the Thirteen Colonies. The unanimous Declaration of the thirteen united States of America, 04.07.; nach: Indiana University Bloomington, School of Law (http://www.law.indiana.edu/uslawdocs/declaration.html).

Vereinigtes Königreich Bill of Rights (23.10.1689); in: Vereinigtes Königreich UK Parliament Website (http://www.parliament.uk/about/living-heritage/evolution of parliament/parliamentaryauthority/revolution/collections1/collections-glorious-revolution/billofrights).

Vereinigtes Königreich Conservative Party Constitution, in einer Mitgliederabstimmung im Februar 1998 angenommen, seitdem in Kraft, zuletzt geändert von der Conservative Party Spring Conference am 25./26.04.2009.

Vereinigtes Königreich Family Law Reform Act 1969; in: Vereinigtes Königreich The official home of UK legislation, revised and as enacted 1267-present (http://www.legislation.gov.uk/ukpga/1969/46/contents).

Vereinigtes Königreich House of Commons (Unterhaus): Internetseite (http://www.parliament.uk/business/commons).

Vereinigtes Königreich House of Commons 1947: Official Report, 11.11.1947, Vol. 444: 206–207.

Vereinigtes Königreich Parliament Act 1911; in: Vereinigtes Königreich UK Parliament Website (http://www.parliament.uk/about/living-heritage/evolutionof parlia ment/houseoflords/parliamen-tacts/from-the-parliamentary-collections-the-parliament-act/parliament-act-1911).

Vereinigtes Königreich Political Parties and Elections Act 2009 c. 12.

Vereinigtes Königreich Political Parties, Elections and Referendums Act 2000 c. 41.

Vereinigtes Königreich Registration of Political Parties Act 1998 c. 48.

Vereinigtes Königreich Representation of the People Act 1948; in: Vereinigtes Königreich UK The official home of UK legislation, revised and as enacted 1267-present (http://www.legislation.gov.uk/ukpga/1948/65/contents/enacted).

Vereinigtes Königreich Representation of the People Act 1983; in: Vereinigtes Königreich The official home of UK legislation, revised and as enacted 1267-present (http://www.legislation.gov.uk/ukpga/1983/2).

Vernardakis, Christoforos 2012: The financing of parties and its impact on their transformation from institutions of social representation to institutions of state legitimization. The case of Greece, Thessaloniki.

Vesterdorf, Peter L. 1990: Die Institution der politischen Partei in Dänemark; in: Tsatsos, Dimitris Th./Schefold, Dian/Schneider, Hans-Peter (Hrsg.): Parteienrecht im europäischen Vergleich – Die Parteien in den demokratischen Ordnungen der Staaten der Europäischen Gemeinschaft, Baden-Baden: 73–150.

Graf Vitzthum, Wolfgang 1994: Demokratie, Parteien, Parteiendemokratie – Ein oft kritisierter, aber unlösbarer Zusammenhang; in: Frankfurter Allgemeine Zeitung, 21.11.

Waas, Lothar 1995: Max Weber und die Folgen – Die Krise der Moderne und der moralisch-politische Dualismus des 20. Jahrhunderts, Frankfurt am Main.

Wade, Emlyn Chapel Stewart/Bradley, Anthony Wilfred 1985: Constitutional and Administrative Law, London/New York.

Wagener, Sascha 2012: Der EU-Verfassungsvertrag und die Positionen linker Parteien, Potsdam.

Wagner, Ulrich H. E. 1981: Finnland; in: Wende, Frank (Hrsg.): Lexikon zur Geschichte der Parteien in Europa, Stuttgart: 147–172.

Wahl, Jürgen 1996b: Was die EVP ist und was sie will, Luxemburg.

Wallace, William/Smith, Julie 1995: Democracy or Technocracy? European Integration and the Problem of Popular Consent; in: West European Politics, No. 18: 137–157.

Walter, Robert/Mayer, Heinz 1992: Grundriß des österreichischen Bundesverfassungsrechts, Wien.

Walz, Kurt 1936: Rationalismus und Irrationalismus in der Staatsintegration, Düsseldorf.

Ward, Alan J. 1999: Ireland; in: Delury, George E. (Ed.): World Encyclopedia of Political Systems and Parties, Vol. II: Gabon-Norway, ed. by Deborah A. Kaple, New York/Oxford: 533–540.

Weber, Hermann 1991: Rückblick; in: Gundlach, Rolf/Weber, Hermann (Hrsg.): Legitimation und Funktion des Herrschers – Vom ägyptischen Pharao zum neuzeitlichen Diktator, Stuttgart: 355–358.

Weber, Max 1920: Gesammelte Aufsätze zur Religionssoziologie, Bd. 1, hrsg. von Marianne Weber, photomechan. Nachdr. von 1988 der 1920 ersch. Erstaufl., Tübingen.

Weber, Max 1926: Politik als Beruf, München/Leipzig.

Weber, Max 1959: Soziologie, Weltgeschichtliche Analysen, Politik, Stuttgart.

Weber, Max 1964: Wirtschaft und Gesellschaft, Köln.

Weber, Max 1976: Wirtschaft und Gesellschaft, Grundriß der verstehenden Soziologie, Tübingen.

Weiß, Ulrich 1998: Freiheit; in: Nohlen, Dieter (Hrsg.): Lexikon der Politik, Bd. 7: Politische Begriffe, hrsg. von Nohlen, Dieter/Schultze, Rainer-Olaf/Schüttemeyer, Suzanne S., München: 196.

Welan, Manfried 1988: Constitutional Review and Legislation in Austria; in: Landfried, Christine (Ed.): Constitutional Review and Legislation, An International Comparison, Baden-Baden: 63–80.

Wende, Frank (Hrsg.) 1981: Lexikon zur Geschichte der Parteien in Europa, Stuttgart.

Westle, Bettina 1989: Politische Legitimität. Theorien, Konzepte, empirische Befunde, Baden-Baden.

Westle, Bettina 2000: Legitimation; in: Holtmann, Everhard (Hrsg.): Politik-Lexikon, München/Wien: 341–346.

Westle, Bettina 2000: Legitimationskrise; in: Holtmann, Everhard (Hrsg.): Politik-Lexikon, München/Wien: 346.

Westle, Bettina 2000: Legitimität; in: Holtmann, Everhard (Hrsg.): Politik-Lexikon, München/Wien: 346–350.

Graf von Westphalen, Raban (Hrsg.) 2001: Deutsches Regierungssystem, München/Wien.

Wiencke, Fabian 2013: Zur Legitimität von EU-Mehrheitsentscheidungen, Münster.

Wiesendahl, Elmar 1980: Parteien und Demokratie. Eine soziologische Analyse paradigmatischer Ansätze der Parteienforschung, Opladen.

Wiesendahl, Elmar 1998: Parteien in Perspektive. Theoretische Ansichten der Organisationswirklichkeit politischer Parteien, Opladen.

Wiesendahl, Elmar 2006: Parteien, Frankfurt am Main.

Wiesendahl, Elmar 2013: Parteienforschung im Rahmen der Sozialwissenschaften; in: Niedermayer, Oskar (Hrsg.): Handbuch Parteienforschung, Wiesbaden: 13–60.

Wildenmann, Rudolf (Hrsg.) 1976: Form und Erfahrung, Ein Leben für die Demokratie, Festschrift für Ferdinand A. Hermes, Berlin.

Wivenes, Georges 1990: Die Institution der politischen Partei in Luxemburg; in: Tsatsos, Dimitris Th./Schefold, Dian/Schneider, Hans-Peter (Hrsg.): Parteienrecht im europäischen Vergleich – Die Parteien in den demokratischen Ordnungen der Staaten der Europäischen Gemeinschaft, Baden-Baden: 435–497.

Wojahn, Michael 2002: Die Organisationsstrukturen der Hauptorgane der Landesmedienanstalten unter dem Grundsatz der Staatsfreiheit, Konstanz.

Würtenberger, Thomas jun. 1973: Die Legitimität staatlicher Herrschaft – Eine staatsrechtlich-politische Begriffsgeschichte, Berlin.

Yardley, David C. M. 1990: British Constitutional Law, London/Dublin/Edinburgh.

Zakošek, Nenad/Maršić, Tomislav 2010: Das politische System Kroatiens; in: Ismayr, Wolfgang (Hrsg.): Die politischen Systeme Osteuropas, Wiesbaden: 773–836.

Ziemer, Klaus 2013: Das politische System Polens: Eine Einführung, Wiesbaden.

Zloch, Stephanie 2010: Polnischer Nationalismus: Politik und Gesellschaft zwischen den beiden Weltkriegen, Wien.

Zypern Civil Registry Law, Gazette 141(I)/2002.

Zypern The Political Parties Law, Gazette 175 (I)/2012.

Zypern Verfassung, von der Gemeinsamen Verfassungskommission (der griechischen und türkischen Gemeinschaften) am 06.04.1960 angenommen, in Kraft seit dem 16.08.1960.

Zypern Βουλή των Αντιπροσώπων (Abgeordnetenhaus): Internetseite (http://www.parliament.cy).

Stichwortverzeichnis

https://doi.org/10.1515/9783110567144-007

www.ingramcontent.com/pod-product-compliance
Lightning Source LLC
Chambersburg PA
CBHW080647270326
41928CB00017B/3224